ニワトリをどう洗うか？

実践・最強のプレゼンテーション理論

ティム・カルキンス　訳・斉藤裕一

How to Wash a Chicken

Mastering the Business Presentation

Tim Calkins

CCCメディアハウス

ニワトリをどう洗うか？　実践・最強のプレゼンテーション理論

目次

1 「ニワトリの洗い方」

「ニワトリを洗うのは難しい仕事ではありません」。会場に集まった人たちを前に、私は話した。

「誰にもできます。ニワトリを見本市に出すときには、見栄えが最高に良くなるように体を洗っておくべきです。ニワトリが暴れないように注意しながら、刺激の少ない石鹸で洗い、その後に体を完全に乾かすようにします。風邪をひかないようにです」

１９７３年３月の冷え込んだ日だった。私は８歳で、初めて正式なプレゼンテーションをした。青少年のために活動する農業関連の組織「４Ｈクラブ」のコンテストだった。

審査員たちが真剣に耳を傾けていた。それぞれのプレゼンについて、構成や話し方などを基準に評価する。全員のプレゼンが終わった後、審査員たちはそれぞれの参加者に点数を伝え、アドバイスもする。良かったところは？　もっと良くできた部分は？

最高クラスのプレゼンをした参加者には青いリボン、平均的な水準であれば赤いリボン、それ以下だと白いリボンが贈られる。

私は自分で作った図を指し示しながら、ニワトリの洗い方を詳しく説明した。その説明が一通り終わったところで、私はデスクの後ろに置いていた大きなプラスチックの箱を取り出した。

「では、実際にやってみます」。私は箱の蓋を開けて手を入れた。すると、元気のいい白色レグホン種のニワトリは、私の手が届かない箱の奥へ逃げた。私は箱に頭を突っ込んで手を伸ばした。ところが、体に触っただけで捕まえられない。ニワトリは箱の奥で右往左往しはじめた。何事かと驚いているのは明らかだった。

ニワトリを育てた経験のある人なら、正しい体のつかみ方があることを知っているだろう。羽の上から両手で押さえて、やさしく持ち上げる。こうすると、ニワトリは羽ばたけないことをすぐに悟り、暴れるのをやめておとなしくなる。そうなれば、向きを変えながらニワトリの体を調べることができる。この場合で言えば、体を洗えるようになるわけだ。

それ以外の形でニワトリの体をつかむのは、すべて間違いになる。脚や尾、あるいは片方の羽だけをつかんだりすれば、散々なことになってしまう。とにかく両方の羽を押さえないといけない。ニワトリは身の危険を感じ、羽をばたつかせて逃げようとするからだ。特に白色レグホン種は驚いて暴れやすい。

私は箱の中に手を伸ばしながら、プレゼンのことが少し心配になり、流れを立て直そうとした。プレゼンの時間は数分で、審査員が時計を見ていた。私は手を伸ばしてニワトリの白い尾をつかみ、箱から引っ張り出した。そして……騒動が始まった。

ニワトリは絞められるのだと思って羽をばたつかせ、私の顔や胸をくちばしでつついてきた。ほこりと土が舞い、白い羽根が辺り一面に飛び散った。私は片手で尾をつかんだまま、取り逃がすまいと必死だった。観客席の人たちは、一体どうなるのかと身を乗り出していた。私は暴れるニワトリを片手でつかんだまま、冷静にプレゼンを続けようとした。

「ニワトリの体をしっかり押さえるようにすることがとても大事です。そうしないとパニックを起こして羽をばたつかせます。このニワトリのようにです」

白い羽根が舞い飛び、ニワトリが大声で鳴くなかで、私は話を続けた。

「ニワトリが落ち着くまでに時間がかかることもあります」

ニワトリ相手の悪戦苦闘は、まるで何時間も続いたように思えた。責め苦のようだった。しかし、そのうちにようやくニワトリも疲れ果て、私は両手で羽を押さえてつかむことができた。私は安心して、こう続けた。

「ニワトリをおとなしくさせれば、あとは流しに入れるだけです」。私は石鹸水の入ったバケツにニワトリを入れた。「刺激の少ない石鹸を使うのを忘れないようにしてください」

すると、ニワトリはチャンスを悟り、また逃げ出そうとした。私の片手が滑って外れ、ニワトリは羽をばたつかせた。そして、またドタバタ。今度は水が飛び散り、私はびしょ濡れになってしまった。最終的に、私はなんとかニワトリを押さえて体を洗い、母のヘアドライヤーを使って体を乾かした。

「体をしっかり乾かすことが大事ですが、ドライヤーの使い方に気をつけてください。熱くなりすぎてしまうことがあります。中温がベストです」

そして、しっかりと両手で羽を押さえながら、ニワトリを箱の中に戻した。「以上がニワトリの洗い方です」と、私はまとめに入った。

「3つの要点を覚えておいてください。ニワトリの体をしっかり押さえること、刺激の少ない石鹸を使うこと、しっかりと体を乾かすことです。実際には、とても簡単なことです」

私はもうくたくたで、濡れた体のあちこちにニワトリの羽根がくっついていた。それでも、プレゼンをやり遂げたことで高揚していた。私が道具をまとめている間、聞いていた人たちは熱い拍手を送ってくれた。その日のプレゼンのなかで、最も盛り上がった一つであることは間違いなかった。私は自分の席に戻り、あとの人たちのプレゼンを見た。

その日の表彰式で、私は青いリボンをもらった。得点はトップだった。審査員の人たちは、論評で私のプレゼンをとても褒めてくれた。特にニワトリを使った実演が評価された。

この日、私は3つの重要なことを学んだ。

第一に、プレゼンにはスリルがあるということ。怖さと興奮、心と体の高揚が混然一体となる。自分が一身に注目を浴びるのだ。

第二に、いくつかのシンプルなルールに従うことが役立つということ。最初の説明、最後のまとめ、はっきりしたストーリー、シンプルなビジュアルが本当に役立つ。プレゼンの基本に、それほど複雑な部分はない。

そして第三に、上手なプレゼンによって、どんなことでも面白くして、相手の関心を引きつけられるということ。関心を引きたければ、動きのある要素が常に物を言う。たとえば、羽をばたつかせて鳴き叫ぶニワトリのように。居眠りしていた人も確実に目を覚ます。

５０００回のプレゼン

あの日から、私は５０００回以上のプレゼンをしてきた。[*1] いくつかの点で、あのニワトリとの経験が私のキャリアの道筋を決めることになった。

中学・高校時代にも４Ｈクラブのプレゼンを何度かした。豚の育て方やアヒルの繁殖方法、チョウの捕まえ方などがテーマだった。ニワトリの洗い方はもうやらなかった。

大学を卒業した後、経営戦略のコンサルティング会社ブーズ・アレンに２年勤め、保険・電力・日用品業界といったクライアント企業のためのプレゼンの立案と実行を担当した。

それからハーバード大学経営大学院でＭＢＡ（経営学修士号）を取得し、クラフト・フーズでブランド・マネジメントを担当した。クラフトには11年勤務し、「パーケイ・マーガリン」「Ａ１ステーキソース」「ミラクル・ホイップ」「タコベル」「クラフトＢＢＱソース」など一連のブランドを手がけた。それぞれの仕事で事業報告やプロジェクトの提案、マーケティング計画などについてプレゼンをした。

クラフトに入って5年後、私はデブライ大学経営大学院（イリノイ州）の非常勤教授として広告について講義するようになった。その後、ノースウェスタン大学のケロッグ経営大学院（同州）に移った。そうするうちに、「クラフトＢＢＱソース」の出荷について頭を悩ませているよりも、教室で教えることのほうが楽しいことを悟り、特任教授の話があったときにクラフトを退社し、ケロッグを本拠にすることにした。

そして現在、強力な事業やブランドの構築の手助けを仕事にしている。ケロッグではフルタイム／パートタイムのエグゼクティブＭＢＡプログラムで、マーケティング戦略や戦略的マーケティング・ディシジョン、バイオメディカル・マーケティングなどの講座を担当している。

その一方で、世界各国の企業向けのセミナーも開いている。ここ数年ではイーライリリー、ノバルティス、アッヴィ、ヒューレット・パッカード（ＨＰ）、プライスウォーターハウスクーパース（ＰｗＣ）、テキストロンなどの企業と協業している。この仕事でロシアやオーストラリア、日本、デンマーク、アラブ首長国連邦（ＵＡＥ）のドバイ、ヨルダン、ドイツ、スイス、中国、トルコなどを飛び回っている。

教職でいくつかの賞をもらうことにもなった。シドニー・Ｊ・レビー教員賞、ケロッグ・ファカルティー・インパクト・アウォード（２回）、ケロッグ・エグゼクティブＭＢＡ最優秀教授賞（４回）だ。ケロッグで教員に贈られる最高の賞であるＬ・Ｇ・レーベングッド年間最優秀教授賞も２回受賞した。この賞が創設されたのは40年以上前のことだが、２回受賞したのは私を含めて５人だけだ。ＭＢＡの情報サイト「ポエッツ＆クォンツ」の２０１６年版「ＭＢＡ人気教授」にも入った。

私はこれらすべてのことから、優れたプレゼンの力というものを実感している。強力なプレゼンがどれほどのインパクトをもたらすものか、私は身をもって知っている。それは人々の意見を変えさせ、支持や承認を得ることにつながりうる。チームのモチベーションを高めることもできる。

世界一のアイデアをもっていても、それをうまく示すことができなければ理解してもらえない。会社の経営幹部に計画の提案をすることは、いくつかの面でニワトリを見本市に持っていくことに似ている。見栄えが最高に良くなるように、磨きをかける必要があるのだ。

2 この本について

この本は、シンプルな一つの事柄を目標にしている。それは、あなたが仕事の場で効果的なプレゼンテーションをできるようにすることだ。本書を読んで内容を実践すれば、自信をもって説得力のあるプレゼンができるようになる。人前でスムーズに話を進め、その場の状況をコントロールできるようになる。

うまく話せるようになることは、さらに重要な強みにつながる。プレゼンのスキルが高まれば、ほぼ確実に仕事の成果も向上するようになるのだ。周りの人たちがあなたの提案を聞き入れることが増え、したがって仕事に対するあなたの影響力が強まる。そうなると、会社の上層部があなたの存在を重視するようになり、あなたのブランド力が高まる。

仕事の成果が高まれば、ボーナスが上がる。昇給や昇進にもつながる。地位が高くなれば給料もボーナスも増え、ストックオプション（自社株購入権）ももらえるかもしれない。こうして、仕事にさらなる影響力を振るえる刺激的なチャンスが広がっていく。

このように前進していくにつれ、自分の人生の目的意識と方向性をはっきり感じられるようになる。そして、仕事の成果をさらに高めてキャリアをアップさせ、ますます自信が高まっていく。

要するに、この本は、あなたのプレゼンのスキルを高めることによって、あなたの人生を向上させるものなのだ。

問題点

「こんばんは！」――デブライ大学（イリノイ州）の経営大学院で、私はＭＢＡ（経営学修士）コースの学生たちに挨拶した。11月の寒い夜のことだった。

「今日はチームのプレゼンテーションをします。もりだくさんなので、さっそく本題に入ります。まず最初のチームです。チーム№1、始めてください！」

メンバーの学生たちがおずおずと前に出てきた。そして演台を取り囲み、ケーブルを取り出してノートパソコンをプロジェクターにつなごうと作業を始めた。あれこれと接続の仕方を試してみること約5分、他の学生たちと私はそれを見守っていた。

ようやく、最初のスライドがスクリーンに映し出された。メンバーの一人が演台の後ろに立ち、パソコンの画面を見ながらプレゼンのタイトルを読み上げた。そして、マウスをクリックして次のスライドを映し出した。数字がずらりと並ぶ1ページだった。

「これは四半期および地域別の市場シェア分析です」と、学生は説明した。じっとパソコン画面を見つめたままだ。

「ご覧のようにシェアは34％です。最も重要なセグメントでは26％です」。彼はうなずきながら、次のページに進んだ。今度は詳細なＳＷＯＴ分析（強み、弱み、機会、脅威の分析）だった。

「この事業には一連の強みと弱みがあります」と、彼は説明した。「機会と脅威もあります。最大の機会は市場の規模、最大の脅威は競争です」

彼は次のページに進んだが、教室の中はざわつき始めた。聞いている学生たちは明らかに退屈していた。その次のページのタイトルは「競争分析」だ。説明役の学生はパソコン画面を見つめたまま、話を続けた。「ご覧のように主な競争相手は4社で、各社ともいくつかのブランドをもっています」

さらにスライドは「顧客セグメント」「価格動向」「財務状況」と続いていった。

聞いている学生たちが完全に関心を失うまでに、もう時間はかからなかった。私は教室全体を見回して様子をチェックした。何人かの学生は上の空の状態だった。休憩時間になったら何をしようかとか、午前中にジムで出会った可愛い子のことでも考えているようだった。自分たちのプレゼンに備えてスライドを確認している学生もいた。こっそりメールをチェックしている学生や、2番目の列で居眠りしている学生もいた。

プレゼンをしている側と聞いている側、両方とも苦痛を感じる時間になっていた。不幸なことに、このような状況はごくありふれている。プレゼンの下手な人が多く、スライドは雑然としてまとまりがなく、ストーリーや明確な提案がなく、話し方も単調……。

これは大問題だ。どんなに素晴らしい提案でも、プレゼンの仕方が悪いと説得力が失せてしまう。どんなに頭が切れる経営幹部でも、能力が足りないように見えてしまうだろう。

お粗末なプレゼンの原因として多いのは、努力不足ではない。たいていの場合、プレゼンをする人は本当に一生懸命にやっている。たとえば、私が教えている学生たちは頭が良くてモチベーションも高い。ビジネススクールで学ぶために、かなりの時間とお金を注ぎ込んでもいる。自分自身とクラスメート、そして教授に対する要求水準も高く、したがって真剣に取り組んでいる。プレゼンをする際には全体の流れと具体的なデータ、提案の内容、裏付けの材料について考える。

ところが、こうした努力にもかかわらず、完全な失敗に終わってしまうことが少なくない。それというのも、効果的なプレゼンのまとめ方と実行の仕方について知らない人が多すぎるからだ。

誰でもプレゼンはこなせる

効果的なプレゼンは誰にもできる。私はそう信じている。プレゼンに秘訣などない。必要なスキルはシンプルで、成功へのカギもはっきりしている。問題点は簡単に特定、修正ができる。

プレゼン上手になるために演劇の技法を学ぶ必要などない。ジェリー・サインフェルドのようなユーモアやブラッド・ピットのようなルックス、ステージ上のテイラー・スウィフトのような存在感も要らない。必要なのはただ、論理的に考え、念入りに準備し、明瞭に話すことだ。特別なスキルや才能は不要だ。スピーチの舞台として現在おそらく最も名高いTEDカンファレンスの代表を務めるクリス・アンダーソンは、こう言っている。

「人前で話す能力は、ごく少数の幸運な人だけの天賦の才能ではなく、幅広い一連のスキルの集合体だ[*1]」

20世紀の偉大な雄弁家の一人として、イギリス首相だったウィンストン・チャーチルの名を挙げる人が多い。チャーチルの演説は人々の心を揺り動かして刺激し、自信と決意を生み出すものだった。しかし、そのチャーチルも生まれつき話すのがうまかったのではない。むしろ吃音と舌足らずの発音をかかえていた。偉大な雄弁家になったのは、それが自分のキャリアにとって重要であることを悟り、スキルを磨くことに懸命に努力したからだ。

誰でも決意すればプレゼン上手になれる。人前に出るのが最も苦手なタイプの人でも、いくつかの常識レベルのテクニックを実践することで、明快かつ効果的なプレゼンができるようになる。聞く人たちが涙を流したり、立ち上がって拍手をしたりするまでにはならなくても、十分なレベルでプレゼンをこなせるようになるのだ。

誰でもプレゼンの能力を高められる

誰でもプレゼンをこなすことができ、そしてプレゼンの能力を高めていける。プレゼンは、一度マスターすればそれで終わりというものではなく、必ずその先に課題が続いていくことになる。つまり、常に改善の余地があるということだ。

その意味で、プレゼンは自転車に乗るのとは訳が違う。自転車の乗り方を覚えるには練習するしかない。最初は誰かに支えてもらう。親に横についてもらって走り始めたりする。そうするうちに、ペダルをこいでスピードを上げること、そして止まることを覚える。一度覚えてしまえば、もう忘れない。「もう2年も自転車に乗っていないんだ。ちょっと支えてもらえるかな?」などと言うことにはならない。もう体が覚えているのだ。

プレゼンは違う。

プレゼンは一連のスキルとテクニックの集合体だ。誰でもそれを習得できるが、どのようなプレゼンにも必ず改善の余地が伴う。最初の部分をもっと簡潔にするべきだった。裏付けの説明をもっと厚くするべきだった。最初のセクションを急ぎすぎた。あるいは逆に時間を取りすぎた。スライドに誤字があった。質問に答えるのにまごついた――。

これはつまり、常に向上のチャンスがあるということだ。あらゆるプレゼンは、より効果的なコミュニケーションに向かうための機会にほかならない。最高レベルのプレゼンができる人でも、もっと上を目指すことができるのだ。

改善の余地

私は最近、一般的にプレゼンがどう思われているかを探るために、ノースウェスタン大学ケロッグ経営大学院のＭＢＡコースの学生を対象に調査を行った。回答者は３７９人だった。質問項目の一部を挙げると――

●あなたはプレゼンを楽しんでいますか?

●プレゼンをするときに緊張しますか？
●プレゼンのまとめ上げと実行について、あなたの能力の水準は？
●プレゼンの構成は簡単にできますか？
●プレゼンについて、どのくらい訓練を受けてきましたか？

その結果、あまり芳しくない傾向がはっきりと浮かび上がった。まず、プレゼンをするのが好きという人は多くない。「あなたはプレゼンを楽しんでいますか？」という質問に1～10の評点で回答してもらったところ、2回の調査で平均スコアはそれぞれ7・0、6・5にとどまった。

プレゼンが得意だと思っている人も多くない。「プレゼンのまとめ上げと実行について、あなたの能力の水準は？」の平均スコアは1回目の調査が6・8、2回目は6・6だった。心理学の研究から、大多数の人が自分自身の知性や容姿について、平均よりもかなり上だと考えていることが示されている。このような楽観的な心理的性向をふまえると、調査結果はいかにもさえない。

学生たちは、クラスメートのプレゼンの能力についても高く評価していなかった。クラスメートの「プレゼンのまとめ上げと実行」に関する質問の平均スコアは6・8にとどまった。

これはつまり、不幸な状況であるということだ。人々はプレゼンを楽しんでおらず、自分も周りの人たちもプレゼンがうまくはないと思っている。これは問題だ。

3つのグループ

私の調査から浮かび上がった一つの大きなポイントとして、プレゼンに関する感じ方にはかなりの個人差があることがわかった。平均値の背後に、大きく相異なるグループが存在するのだ。

私は3つのグループを特定することができた。第一のグループは「プレゼンに自信がある」人たちだ。学生の3割ほどがこのグループに該当した。このグループの人たちはプレゼンを楽しみ、自分はプレゼンが得意でわりと簡単にできると思っている。

その対極にあるのが「プレゼンが苦手」な人たちだ。最初のグループとは大きく異なり、プレゼンを楽しめず、苦手でひどく緊張してしまう。学生の約25％がこのグループに該当した。

中間に位置するのが「手堅くプレゼンをこなせる」人たちで、学生の約45％が該当した。

私は複数の調査で、この3グループが存在することを確認した。次の表は2つの調査の結果をまとめたものだ。

図表2-1　プレゼンに対する感じ方

2017年秋の調査

	プレゼンに自信がある	手堅くプレゼンをこなせる	プレゼンが苦手
回答者の割合	30.4%	43.5%	26.1%
プレゼンがどのくらい得意か（「不得意」を1、「最高に得意」を10とする）	8.0	6.6	4.6
プレゼンはどれほど簡単か（「とても難しい」を1、「とても簡単」を10とする）	7.1	6.3	4.9
プレゼンは緊張するか（「緊張しない」を1、「とても緊張する」を10とする）	4.6	5.5	5.8

図表2-2　プレゼンに対する感じ方

2017年冬の調査

	プレゼンに自信がある	手堅くプレゼンをこなせる	プレゼンが苦手
回答者の割合	25.5%	45.1%	29.4%
プレゼンがどのくらい得意か（「不得意」を1、「最高に得意」を10とする）	8.0	6.8	4.8
プレゼンはどれほど簡単か（「とても難しい」を1、「とても簡単」を10とする）	7.9	6.5	4.1
プレゼンは緊張するか（「緊張しない」を1、「とても緊張する」を10とする）	3.5	5.3	7.5

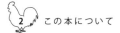

プレゼンの循環効果

プレゼンは循環効果をもたらしうる。プレゼンが得意な人はますます得意に、苦手な人はますます苦手になりやすいということだ。

これは3つの理由から起こる。

まず、「プレゼンに自信がある」グループに該当する人は、プレゼンの経験値が増えやすくなる。たとえば、新たな経過報告のプレゼンが必要になった場合、このタイプの人は自分から手を挙げるだろう。何と言っても、このタイプの人たちはプレゼンが得意で楽しめるのだから。

これに対し「プレゼンが苦手」なグループの人たちは、おのずとプレゼンを避けたがり、プレゼンをせずにすむ口実を見つけ出そうとする。経験を積まなければ腕は上がらない。

2つめの理由として、プレゼンが好きな人は準備にかける時間が多くなる。すぐ準備に取りかかろうとするからだ。彼らにとって、準備はわくわくする楽しい時間だ。

プレゼンが好きでない人は、なかなか準備に取りかかろうとしないだろう。うまくいきそうにない恐ろしいプレゼンのことなど考えたくもない、という心境だ。

その結果、「プレゼンに自信がある」人は準備と仕上げに時間をかけ、論点を強めてスラ

図表2-3　プレゼン成功の好循環

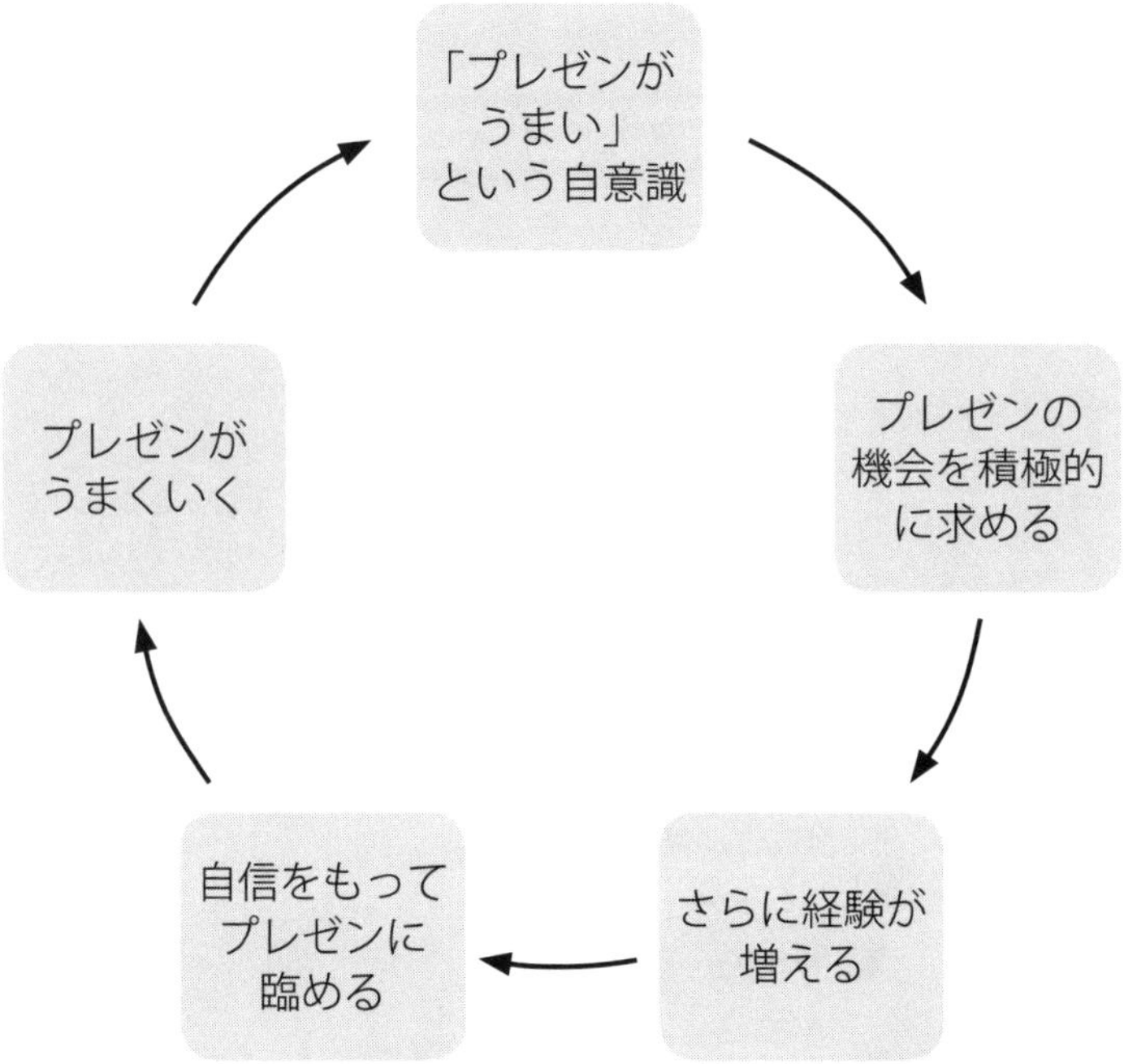

図表2-4　プレゼン失敗の悪循環

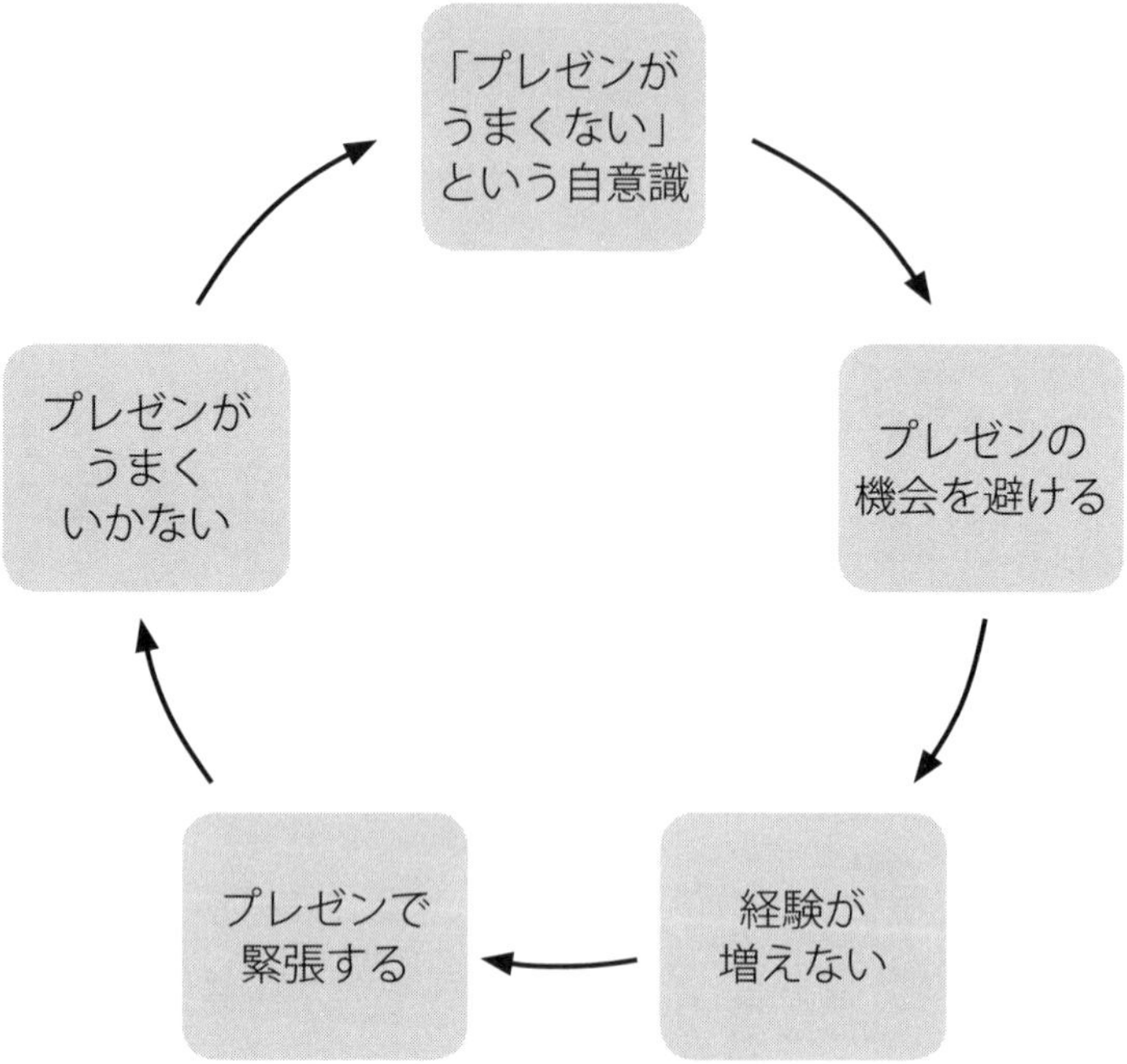

イドなどの資料に磨きをかける。「プレゼンが苦手」な人は、間際になってからあわてて準備する。

そして3つめの理由として、「プレゼンに自信がある」人たちは落ち着いてプレゼンに臨める。うまくいくと思っているのでさほど緊張せず、堂々とした態度ではっきりと話せる。「プレゼンが苦手」な人たちは苦い経験をすることになる。緊張で早口になってしまったり、言い間違いをしたりしてしまう。スライドやパソコン画面を見つめながら話し、聞いている人たちと目を合わせるのを避けてしまう。

以上のような要因が相まって、「プレゼンに自信がある」人は経験と成功を重ねて進歩していきやすい。一方、「プレゼンが苦手」な人は苦手な状態が続き、「手堅くプレゼンをこなせる」人は平均的な水準であり続けることになる。

「プレゼン成功の好循環」によって「プレゼンに自信がある」人が進歩していく一方で、「プレゼン失敗の悪循環」によって「プレゼンが苦手」な人は足を引っ張られてしまう。

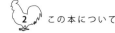

訓練の不足

学生に対する調査には、訓練についての質問も盛り込んだ。ほとんどの人が何らかの形で

図表2-5　訓練について

「プレゼンについて、どのくらい訓練を受けてきましたか？」
2015年秋の調査

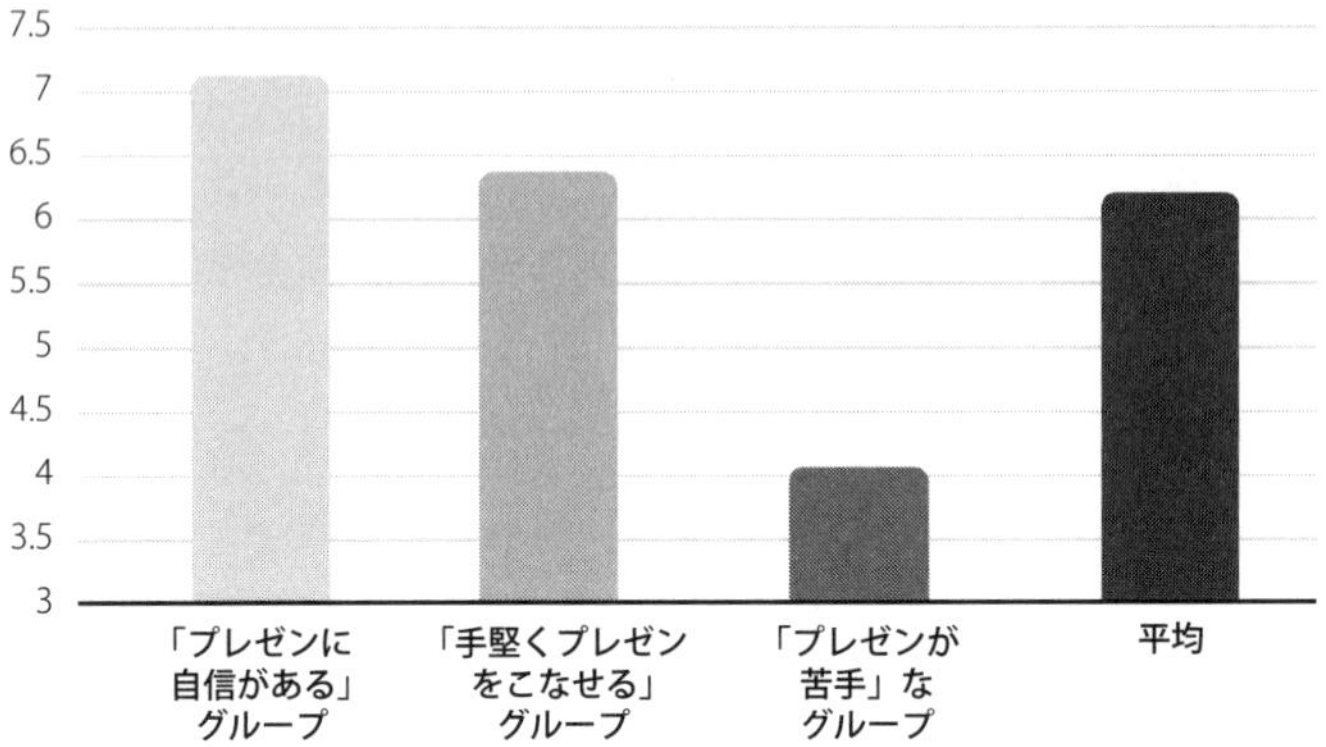

プレゼンの指導を受けたことがあると答えたが、さしたる訓練は受けていなかった。「プレゼンについて、どのくらい訓練を受けてきましたか？」という質問に対して、一連の調査での回答の評点は平均5・8にとどまった（「まったくない」を1、「たくさん」を10とした）。

上述の3グループは訓練についても格差が見られた。どの調査でも「プレゼンに自信がある」グループの人は「プレゼンが苦手」なグループの人と比べて、はるかに多く訓練を受けていた。

このデータから、プレゼンのスキルを高めるには訓練が必須だと思われるかもしれない。明らかに「プレゼンに自信がある」人たちには訓練が寄与し、「プレゼンが苦手」な人たちはそうなっていなかった。

だが、それほど単純な話ではないと私は思っている。因果関係がはっきりしていないからだ。訓練が差を生み出したのか。そうかもしれないが、プレゼンが好きで得意だと思っている人たちはプレゼンの訓練プログラムを受講しようと思いやすい、ということかもしれない。プレゼンが好きでない人は、その逆になるだろう。

私はケロッグ経営大学院の同僚たちを見ていて、この力学に気づいた。議論の促し方など教授法に関するセミナーがあると、教えるのが上手な人たちが参加するのだ。たとえば、デイビッド・ベサンコ教授はケロッグ経営大学院で最も優秀な教師かもしれない。最も優秀な教員に贈られるL・G・レイブングッド賞を3度受賞したのは彼だけだ。表彰は5年に1度で、まさに偉業だ。

そのデイビッドは、教授法のセミナーがあると必ず参加している。明らかにもう助けは必要としていないのだから、教えることについて考え、学ぶことが本当に好きなのだろう。

ともあれ、プレゼンのスキルを高める上で訓練は重要な一つの方法だ。それ以外の方法があるだろうか。

重要なポイント

この本は、あなたがプレゼンのスキルを高めるのを助ける。大学院の新入生にもベテランの専門職の人にも役立つ内容だ。会社や官庁、非営利団体で働いている人にも役立つ。優れたプレゼンの特徴は業種などによって変わるものではない。

「プレゼンに自信がある」人は、この本で自分の正しさを改めて確認することができるだろう。コンセプトやアイデアの多くに共鳴してもらえるはずだ。すでにその多くを実践しているかもしれないが、実践していることとベスト・プラクティス（最良のやり方）を比較し、スキルをさらに高めるチャンスが見つかるだろう。

「手堅くプレゼンをこなせる」人は、この本で次のレベルに進んでいける。すでに実践していることを強化するとともに、「プレゼンに自信がある」グループに向かって進んでいくための具体的なヒントを提供する。

「プレゼンが苦手」な人は、この本で紹介するコツやヒントが役立つだろう。実用的なアイデアと方法を用いることで、プレゼンのスキルが全般的に高まる。成功体験を味わえば、プレゼンに対して前向きな姿勢になれるかもしれない。そして、それはさらなる成功につながりうる。つまり「プレゼン成功の好循環」が始まり、ますます好転していく。経験が自信につながり、自信が成功に寄与する。

本書は、人前で話すこと全般に関する本ではない。詩の朗読コンテストやカラオケ、カウボーイの物語りコンテストは対象にならないし、ディベートの戦略や結婚式の祝辞なども取り上げない。この本はビジネスリーダー、特にキャリアの階段を上っている人たちのための手引書だ。

3 必要性を見極める

プレゼンテーションの上達への第一歩は単純だ。まず、「このプレゼンは本当にする必要があるのか」と自問することだ。十分な必要性がないのなら見送るべきだ。あなたも周りの人たちも無駄な時間を取られずにすむ。プレゼンが上手な人は、プレゼンをするべき時とすべきでない時の見極め方を心得ている。機会の見極めが成功への重要な一部分になる。

他の人たちの時間を無駄にしない

多くの人（ほとんどの人と言うべきか？）は、会議に出てプレゼンを聞くことを嫌っている。ひどい時間の無駄と思っているのだ。時間を取られてうんざり、というわけだ。「パワーポイント」が大きな悪者にされ、「Death by PowerPoint」（パワポ死）という言葉さえ飛び交っている。

しかし、実際には多くの場合、問題はプレゼンそのものやパワーポイントにあるのではない。もっと根本的に、そもそもプレゼンする必要などなかったということなのだ。さしたる重要性や関連性のない情報を次々に示すのは、人を眠らせる簡単な方法の一つだ。

ポイントは単純、十分な必要性や理由がなければプレゼンは避ける、ということだ。軍略家の孫子がこう言ったとされる。

「戦わずして勝つ。これが最善だ*1」

プレゼンにも同じことが言える。プレゼンをしないのが最善、ということかもしれないのだ。

プレゼンをしないことには、いくつもメリットがある。一つの大きな理由として、プレゼンをしなければ相当な時間の節約になる。本書に通底する一つのテーマとして、質の高いプレゼンをするのはそう簡単なことではない。時間と労力が求められる。ストーリーを描き出し、カギになるデータを見つけ出し、スライドの各ページをまとめ上げて磨きをかける。事前に資料を配布しておく必要もあるかもしれない。練習や会場での準備も必要になる。単純なことではなく、簡単にはいかない。

プレゼンをしなければ、そうした時間とエネルギーをすべて使わずにすみ、自分の仕事を進められる。あるいは、早く家に帰れて家族と時間を過ごせる。

プレゼンを避けるべきもう一つの理由は、自分の評価を高めることと関係する。さしたる進展のない状況報告など、中身の薄いプレゼンをすれば、あなたという個人のブランドに傷がつく。自分の仕事がよくわかっていないのではないかと思われてしまうからだ。中身の薄いプレゼンで評価を高められることはめったにない。

たとえ面白いプレゼンであっても、本当に必要でなければ失敗に終わる可能性が高い。プレゼンを聞く人たちも忙しい。自分に直接関係のない情報を示し続けられれば、いら立って不機嫌になってしまうだろう。難しい質問をして話をさえぎろうとしたり、もう聞くのをやめてメールのチェックをしたりするかもしれない。こんな状況で、いいプレゼンをするのは難しい。話を聞いてもらえなければ、前向きな反応を引き出すことはできない。

必要がある時だけに絞ることによって、自分のプレゼンの重みを増すことができる。それがあなたの印象を高める。あなたがプレゼンをするときには注目すべき内容があるということになり、聞く側は耳を傾ける。要するに、避けられるプレゼンは避けるということだ。

プレゼンをするべき時

プレゼンをする必要がある場合と、そうではない場合がある。その違いをわきまえることが決定的に重要だ。必要である場合には力のこもったプレゼンをしたい。不必要なプレゼンを避けることは、そのための一助にもなる。プレゼンが必要なのは、次のような場合だ。

判断を仰ぐ必要がある時

自分の提案を関係者に受け入れてもらうことが難しい場合がある。カギを握る人たちにメールを送っても、返信してもらえない。再度メールを出しても反応がない。ようやく誰かが全員に向けて、提案内容について微調整を求める。すると別の人から質問が出て、あなたがそれに答える。そうした反応をふまえて、あなたは文書に手直しを加え、また全員にメールで送る。

それに対して、また別の人がいくつか修正を求めてくるが、その一方で最初のメールに対してまた質問が出てくる。あなたが再び文書を手直しすると、また修正を求める声が返ってくる。こうした状況は延々と続きうる。現実問題として、決断を下したがらない人が多いのだ。決断は労力やエネルギーを必要とする。コミットメントとリスクも絡む。先延ばしするほうが楽だ。

わかりやすい例として、休暇の過ごし方を挙げよう。多くの人にとって、休暇について考えるのは楽しいことだ。あれこれ選択肢を考えてみたりする。

「今年はスペインに行くのがいいかもしれない。もちろん、フランスもきれいだ。あと、子どもを日本に連れて行ってやりたいとずっと思っていた。本当に素晴らしい国だ。安全だし。でも、今はアイスランドが人気らしい。新しく直行便もできたし……」

実際に行き先を決めるのは、それよりもずっと難しい。スペインに決めれば、フランスや日本へは行けない。どちらも切り捨てたくはない。もう少し考えることにして、すべての選択肢をとっておいたほうがずっと楽だ。

同じことが戦略的な事業判断にも当てはまる。新製品を年内に発売すべきかどうか。発進に気持ちを傾かせる理由はもちろんある。大成功するかもしれない。しかし、同時に一連のリスクもある。結果がどうなるか、本当には見通せない。決断を2週間くらい先送りしたほうがよほど楽だ。

決断に踏み切らせる最も効果的な方法の一つは、中心的な人たちを集めて議論させることだ。あなたがプレゼンで問題について説明し、一連の視点による捉え方を並べた上で自分の提案を示してから、こう言う――「これについて今日、本当に決める必要があります。今が決める時です」。それから全員による検討と議論に入る。たとえ最終決定を下すのはあなたではなくても、全員が最大の問題点を見極めることを促せる。決断に踏み切るには、どのような材料が要るのか。最終決定をするには、何を調べる必要があるのか。

支援が必要な時

どのような組織でも、支援を得ることは決定的に重要だ。バックについてくれる人たちがいなければ、取り組みがつまずくことになりかねない。後から周りの人たちにとやかく言われることになるかもしれない。必要な予算などをもらえないということも起こりうる。計画自体が消えてしまうことにもなりかねない。最もありがちなのは、重要度の低い案件として扱われ、前進の余地が限られてしまうことだ。

他部門の同僚の支援はなおのこと重要だ。直属の上司である販売担当部長の支援を得るのは難しくないだろう。しかし、それだけでは立ち行かない。本当の支援が要るのだ。経理部門の代表者が、土壇場になって厄介な質問をあれこれぶつけてくるかもしれない。

上層部からの支援も必要だ。副社長やＣＥＯ（最高経営責任者）から見込みがあると思われれば、重要な案件にしてもらえる。関心を向けられ、何よりも重要なこととして経費も認めてもらえるだろう。

上層部の支援が得られないと、前進するのは大仕事になる。そもそも前進できないかもしれない。トップの人たちの支持なしに大きな計画を実現することはできない。

いくつかの理由から、人々を巻き込んで熱意を生み出す上で、プレゼンはとても効果的な手段となる。理由の一つとして、プレゼンは自分の論理と合理性を理解してもらう機会になる。「これは会社のためになります。その理由として……」と明確に示せるからだ。プレゼンでは誰もがあなたに注意を向ける。これは大きな賜物だ。自分の考えを筋道を立てて説明し、提案を売り込むことができる。

もう一つの理由として、プレゼンによって言質を取ることができる。たとえば、販売部長が「素晴らしいアイデアだと思う」と言ったとすれば、販売部を味方につけたことになる。その後で引き下がるわけにはいきにくいからだ。こうして長期的な支援が得られることになる。販売部長が後から問題点を指摘してくることにはなりにくい。問題があると感じた場合には、それを指摘するだけでなく解決策を見つけ出そうとしてくれるはずだ。

支援を求めた場合、結果は次の2つのどちらかになる。どちらも良い結果だ。

まず一つは、助力が得られること。経営幹部が意義に気づき、必要性を認識するということだ。あなたが問題に対処できるように取り計らってもらえる。もう一つの可能性は、支援が得られないことで、あなたは上層部からベストを尽くすよう告げられる。しかし、これはひどい結果ではない。問題を見極めて助けを求めたあなたに対して、上層部は支援はしないと決めた。これはいくつかの面で、あなたは自由に行動できるということだ。

私がこの力学に気づいたのは、チキンシーズニング「シェイクンベイク」のブランドの立て直しを手がけた時期のことだ。当時、売り上げが危険なペースで落ち、年間目標に届きそうにないことは明白だった。私はチームを組んで売り上げ低下の要因を分析し、それに対処するための計画案をまとめた。しかし、費用がかかる計画だった。新たな広告宣伝とパッケージのリニューアル、店舗での大がかりなプロモーションを内容に含んでいた。最終的に、事業責任者がこの計画案を却下した。予算は限られており、他のブランドがもっと重要な課題を抱えていたのだ。

私が望んでいた結果ではなかったが、チームに意欲と能力と活力があることはわかっていた。売り上げの低下が続いても心配する必要はなかった。私たちは、すでに立て直しの計画を持っていたからだ。部門内の他の優先事項との兼ね合いで、それをほとんど実行することができないだけだったのだ。

他の人たちに状況を理解してもらう必要がある時

他の人たちを行動に駆り立てるために、事業の状況について詳しく説明する必要が生じる場合がある。プレゼンは、その効果的な方法になりうる。データや情報を見直して説明する機会になるからだ。メールで情報を送る手もあるが、読んでもらえないことも少なからずある。文書を読むには集中力が要るので、長い報告には不向きだ。メモはもっと難しい。そもそも他部署の相手にペーパーが届かないといったことも起こりうる。本当に状況を理解してもらいたかったら、やはり会議が強力な手段になる。

私が在籍していた時期に食品大手のクラフト・フーズは、同業のナビスコを買収した。私の役職は、クラフトＢＢＱソースやブルズ・アイＢＢＱソース、シェイクンベイク、オーブンフライなどのブランドを展開する「ミート・エンハンスメント・カテゴリー」のシニアディレクターだった。ナビスコにもＡ１ステーキソースがあったので、買収後に私が管轄するブランドとなった。

しかし、すぐに問題があることがわかった。ナビスコは数年前にＡ１ブランドのマリネードを発売しており、同ブランドの事業計画はそれらの商品の劇的な売上増を見込んでいた。ところが不幸にして、見込みどおりになりそうな流れではなく、マリネードの売り上げは頭打ちになっていた。

出足が好調だったのは、小売店が在庫を確保し、大幅な特別割引価格で売り出したことが消費者の試し買いを呼んだからだった。リピート購入は見込みを下回り、商品そのものに問題があることを示していた。販売の伸び悩みで予算に大きなギャップが生じ、利益目標を何百万ドルも割り込むことになりそうな状況だった。

この高まる危機にどう対処すればいいのか、私は途方に暮れていた。Ａ１は私にとって新しいブランドで、打てる手がわかっていなかった。しかし、これがクラフトにとって大きな問題であることはわかっていた。クラフトＢＢＱソースやＡ１ステーキソースのような成熟した事業で、数百万ドルの予算のギャップを埋めるのは無理だった。

私が最初にしたのは、上層部への状況報告の予定を組むことだった。クラフトの会社全体に財務上のリスクが生じていることを理解させるために、経営幹部のチームに動いてもらう必要があった。

もちろん私は予算のギャップを埋める努力も始めていたが、見通しは立っていなかった。問題が生じていることを早急に知らせれば、経営陣が年度末になって初めて状況のひどさを知るような事態は避けられる。会社に財務目標の未達を引き起こすことは、自分自身のブランド構築や出世の妨げにしかならない。

時として、状況を知らせるということは会議を開く十分な理由になる。自分のメッセージを確実に聞いてもらいたければ、関係者を会議室に集めて座ってもらう必要がある。そうして初めて、自分の考えを聞いて理解してもらうことに確信がもてるようになる。

上司から求められた時

上司からプレゼンをするべきだと言われたら、一般論としてプレゼンをするべきだ。たいていの組織では、あなたは求められたことをすることになる。

もちろん、異議を示して時期を遅らせることを求めるのは正当な行為だ。今が正しいタイミングなのか。現時点で提案の裏付けは固まっているのか。もう1、2週間、分析を重ねることによって、はるかに強い提案にならないか。しかし結局のところ、決めるのは上司だ。上司にプレゼンをするよう言われたら、しなければならない。

これには2つの理由がある。

まず、上司は大事な存在だ。上司に好かれて支えてもらえれば、良いことが起こりやすくなる。高いボーナスや昇給も得られるだろう。昇進にもつながるかもしれない。ハイレベルの協議に加えてもらえる可能性もある。上司の側は、自分が求めたことをなぜしようとしないのか、理由を聞きたがりはしない。上司が知りたいのは、どれだけ早くできるかだ。

第二に、上司はあなたが知らない組織の動き方を理解しているかもしれない。別のプロジェクトが進行しているということもありうる。あなたはそれを知らないが、上司は知っているという状況だ。あるいは、あなたの昇進の話が出ていて、上層部がスキルの見極めをしたがっているということかもしれない。つまるところ、組織の全体的状況をふまえて良い判断をしてくれると、上司を信頼しなければならないのだ。

プレゼンをするべきではない場合

もっと関心を引きそうなのが「プレゼンを見送るべき場合は？」という問題だ。プレゼンせずに時間を節約できるのは、どんな時なのか。見送ることがベストとなる状況はいくつかある。

別の方法で情報をもっと簡潔に伝えられる場合

ルーティン的な事柄について知らせるのは、プレゼンの十分な理由にはならない。メールで情報を送ればすむことだ。話すより読むスピードのほうが速いということを忘れてはならない。メモやメール、テキスト、ツイートで事足りるのなら、それでいいのだ。

提案内容がはっきりしていない場合

状況を理解して計画をまとめ上げることができたという確信がもてなければ、自分の提案をプレゼンするべきではない。論理的に筋が通っていなければ支持は得られない。様々な角度から、想定される重要な質問について検討しておくべきだ。

分析が終わっていなければ、プレゼンをするべきではない。準備が整っていないことをさらけ出す結果になってしまう。あやふやな状態は、覚《さと》られてしまうことになる。質問を浴びせられ、分析の穴を突かれる。これではうまくいかない。

明確な提案なしにプレゼンをすると、自分で自分の選択肢を狭める結果にもなりかねない。

不完全な分析に基づくプレゼンを聞いて、経営幹部が間違った結論を出してしまうかもしれない。たとえば「これは本当は価格の問題だったということか。価格を再調整しなければ。どれだけ早くできる?」というように。このような状態になってしまった後で、相手に考えを変えさせるのはとても難しい。

見解に大きな違いがある場合

プレゼンは、相手の人たちが同意してくれることを期待してするものだ。意見の対立が望ましいことはめったにない。敵意を向けられたり挑みかかられたり、口論になったりするようではいけない。議論は好ましいが、意見の不一致は好ましくない。

特定の問題について、自分のチーム内で見解が一致していないことがわかっている場合には、プレゼンをするべきではない。その問題について考えることに時間を割き、不一致の理由を見極めて接点を見つけ出すようにするべきだ。

土壇場でのキャンセル

プレゼンのキャンセルは望ましいことではない。土壇場での取りやめは特に問題が大きい。あなたの評判に傷がつくことになる。準備不足で提案内容が不十分だったからだと受け取られ、あなたの印象は極めて悪くなる。土壇場でのキャンセルが輝かしい結果につながることは考えにくい。それでも、それが最善の判断となる場合もある。それにはいくつかの理由がある。

プレゼンの準備が終わらなかった場合

準備が終わっていなければ、プレゼンをするべきではない。ここで覚えておくべき点として、終わったというのは完璧にでき上がったということではない。完璧を期す必要はない。「完璧を善の敵にしてはいけない」という言葉があるとおりだ。

プレゼンを完璧にすることはほぼ不可能だ。考えるべき点や磨き上げるべき点があまりにも多く、完璧に仕上げようとすれば終わらなくなってしまう。完璧は目標ではない。

とはいえ、明らかに不十分な状態でプレゼンを押し切ろうとするべきではない。フォーマットが整っておらず、誤字や内容的な間違いがあったり、説明の順序に問題があったりするような状態では、誤った印象を植え付けてしまうことになる。そうした印象を払拭するのは大仕事になるかもしれない。第一印象が物を言うのだ。最悪の場合、プレゼンの出来が悪いせいで強力な分析と提案に疑義を向けられることにもなりかねない。

プレゼンに臨む前に、自分の「現在位置」を確かめよう。まだ終わりに近づいていないのであれば、2、3日遅らせることを真剣に考えるべきだ。

分析に自信がもてない場合

プレゼンの直前になって、自分の分析に問題があることに気づくことも起こりうる。最悪の状況の一つだ。回帰分析で手違いをしていたとか、表計算ソフトのセルのリンクが間違っていたということも起こりうる。とにかく何らかの理由で正しい分析ができていない場合、そのままプレゼンしてしまうと、2つの問題が生じる。

まず、データに自信をもてていないことがプレゼンそのものに表れてしまう。データに間違いがあることがわかっていると、相手の人たちと目を合わせて堂々と話すことができなくなる。

もう一つは、間違いを見破られる可能性があることだ。プレゼンで分析の欠陥を看破するのは簡単なことではない。スライドを次々に切り替えるプレゼンでは特にそうだ。だから大丈夫かもしれないのだが、常にそうなるとは限らない。

数字のわずかな狂いでも、頭のいい人やビジネスの直観力が高い人には気づかれてしまうかもしれない。そして質問され、それがまた次の質問につながっていく。

そしてついに観念して、「この部分の分析を見直してみることにします」とか「後ほど個別に詳しく説明させてください」などと言うしかなくなる。

これは痛い状況だ。自分の信用が失墜してしまったことを、あなた自身も聞いている側も覚《さと》っているのだ。

自分の分析に間違いがあることに気づいたら、プレゼンをするべきではない。可能であれば、スライドの当該ページ、あるいはそのセクションをプレゼンから外すようにする。それではプレゼンが成り立たなくなってしまう場合には、数字が正しく合うようになるまでプレゼンを延期するべきだ。

信用を失うよりも予定の変更を願い出るほうがいい。分析能力に疑問をもたれると、すべてに疑いの目を向けられることになってしまう。

聞く側が別の大問題に気を取られている場合

2001年9月11日、私は「クラフトBBQソース」の事業状況について、クラフト・フーズのベツィ・ホールデンCEO（最高経営責任者）にプレゼンすることになっていた。私にとって重要な会議だった。私は数年前から事業を率いていたが、テコ入れが結果に表れるまでには時間がかかり、業績は低迷していた。

自分のキャリアが懸かっていた。会議がうまくいけば事業責任者を続けられ、昇進の目も出てくるはずだった。逆にうまくいかなければ、今後の身の振り方について考え始めるようにと言われそうだった。クラフトでは解雇はまれで、次の進路を見定めるように促されるのだった。退職金も手厚かった。

プレゼンの準備は整っていた。何週間もかけて資料をまとめ上げ、一つのストーリーを描き出すための構成と各部分の見出しも決まっていた。スライドのそれぞれのページに、多すぎも少なすぎもしない適量の情報を盛り込んだ。チーム全員でデータや数字の確認もした。準備は万端だった。

会議は午後2時からの予定だった。

その日の朝、ニューヨークで航空機が世界貿易センタービルの北棟に突っ込み、さらにもう1機が南棟に衝突した。米国が攻撃にさらされていた。

スケジュールの調整は厄介で、最新のデータを反映させる追加の準備も必要だったが、私はすぐに会議を延期した。

話を聞く重要な人たちが別のことに気を取られているのがわかっている時に、プレゼンをするべきではないのだ。きちんと集中してもらえる時に延期したほうがいい。

そうしないと、プレゼンをしても話を聞いてもらえない。しきりにスマホやノートパソコンを見たり、途中で席を外されてしまうような状況になりかねない。これではプレゼンが流れに乗れない。関心を払ってもらえず、すべてが徒労になってしまうのだ。

世界の動きはめまぐるしく、企業の経営幹部は様々な懸案を抱えて常に何かを考えている。いくらか気が散ってしまうという程度の状況であれば、生き生きとしたプレゼンで関心を引きつけることができる。しかし、相手が別の事柄に深く気を取られているのであれば、引き下がって日を改めるのが最善策だ。

他部門からの支援がない場合

支援がない状態でプレゼンをするのは難しい。同僚の一部が自分の提案に反対していることがわかったら、基本的にプレゼンは延期するべきだ。さらに、自分のチームの誰かが提案の支持をためらっているような状況でプレゼンをするのは最悪だ。

経営幹部が求めるのは、うまくいくという確信だ。生煮え状態のプロジェクトの提案を受けるのは、幹部にとって好ましくないことになる。最終的に計画がうまくいかなければ、自分たちの信用が傷つくことになるからだ。

幹部に確信をもたせる一つの方法は、チームの全員が自信を示すことだ。全員が計画に賛同していれば、確実に提案の説得力が増す。販売、事業活動、財務、市場調査の各担当責任者がこぞって提案を推していれば、幹部もそれを止めるのは難しい。

そうした一致がないと、経営幹部は神経質になる。販売担当の責任者が目を伏せて居心地悪そうにするのは、危険な兆候だ。幹部はそれに気づいて、こう質問するかもしれない。

「スーザン、きみもこの提案に乗っているのか？」

あなたとしては、スーザンにこう言ってほしい。

「まったくそのとおりです。この計画全体を検討して、すべてうまくいくと思っています。2日前にメンフィスに行って、地域の統括責任者と話し合ってきたばかりです。全部うまくいくはずだと言っていました」

スーザンがためらいを見せるようだと問題だ。「提案の論理はわかるのですが、販売チームが計画を実行できるか自信がありません」とか「これがうまくいくとは思えません」などと言うかもしれない。

スーザンが迷いを示したとたん、プレゼン全体の信頼度が落ちてしまう。経営幹部が支持してくれるのか。これは明らかに問題をはらんだ状況だ。上層部にとって考えられる解決策はただ一つ、数週間で計画を見直すよう求めることだ。これは前向きな結果ではない。

したがって、自分のチームに足並みの乱れがあることがわかったら、プレゼンの延期が得策となるかもしれない。前へ進もうとする前に、チームのメンバーがどちらを向いているのかをまず確かめる必要がある。

すべてのプレゼンで、すべてのメンバーが内容に賛同するとは限らない。それが現実というものだ。人それぞれに考え方が異なることもありうる。しかし、プレゼンをする前に、自分を取り巻く状況を知っておく必要がある。

チーム内に別の意見をもっている人がいたら、方向性を合わせるような調整をするべきだ。あるいは、２つの選択肢をプレゼンで示すこともできるかもしれない。それぞれについてメリットとデメリットを示すのだ。

土壇場になってチームが一枚岩でないことがわかったら、プレゼンを延期するのが最善の道だ。チームが問題を抱えていることがわかっているのにプレゼンをするべき理由はない。そうした状況は成功につながりにくく、プレゼンは不首尾に終わる可能性が高い。

4 目的を明確にする

プレゼンテーションをすることに決めたら、よく考えて目的をはっきりさせる必要がある。なぜプレゼンをしようとしているのか。何を達成したいのか。目的がはっきりしなければ、プレゼンはうまくいかないだろう。

明確性の大きな意義

『不思議の国のアリス』で、アリスがチェシャ猫と話をする名場面がある。

「教えて、ここからどっちに行けばいいの？」

「それはどこへ行きたいのかによるね」と猫は言った。
「べつにどこでもいいんだけれど――」
「それなら、どっちだってかまわないだろう」と猫は言った。[*1]

チェシャ猫の洞察力に満ちた観察だ。どこへ行こうとするのか、その意識がなければ道に迷う。どの方向も正しい、あるいは間違っているということになるかもしれない。大きく進む前に目的地を知っていなければならない。さもないと進むべき方向がわからない。マイアミへ行こうとしているのか、東京へ行こうとしているのか。

もちろん、プレゼンも同じことだ。目的がわかっていなければ、意味のある前進はできない。プレゼンを専門とするコンサルタントのジェリー・ワイズマンがこう書いている。

「プレゼン成功への唯一の確かな道は、目的を知ることから始まる」[*2]

自分の提案を売り込もうとするのなら、その計画の根拠を示すプレゼンをすることになる。自分の考え方を提示し、なぜそれが意味をもつのか、要点を説明する。自分がまとめ上げたプレゼンの内容を再点検し、わかりやすく説得力があるかどうか考えてみる。こう自問してみることだ。このプレゼンで提案を売り込めるか。これで目的を果たせるか。このように問うことで、なすべき仕事がはっきりし、したがって成功の基準が明確になる。

プロジェクトの進捗状況について説明するだけであれば、それとは大きく異なる形のプレゼンを考えることになる。データを集めてまとめ上げ、重要な結論とその意味合いを強調する。この場合の目的は、今後の計画を売り込むことではなく情報を伝えることだ。

どんなプレゼンにも目的がある。私の言葉で言えば「目的のあるプレゼン」だ。プレゼンをすることが目的なのではない。プレゼンには必ず目的があり、だからこそ関係者に集まってもらうのだ。目的をはっきりさせることで、他の人たちの時間を無駄にしたり、集中してもらえなかったりすることになるリスクが減る。

順序立てて進める

すぐに作業に取りかかるという人もいる。プレゼンの日程を決めたら、すぐに資料作りを始めるというやり方だ。このタイプの人たちは「先延ばしは大敵」だと思っている。すぐに始めることが喜びなのだ。

私たちはこうした人を褒めがちだ。「自分にもそんな意志の強さとエネルギーがあったら」というように。プレゼンの原稿をまとめてしまえば安心でき、達成感にもひたれるだろう。

しかし、まず何をプレゼンするのかをはっきりさせなければ、内容のある原稿は書けない。取りかかる前に、自分が伝えようとするメッセージがわかっていなければならない。つまり、自分の目的をはっきりさせるということだ。

プレゼンの準備段階で起こりやすい間違いの一つは、資料作りを早く始めすぎてしまうことだ。不幸にして、この間違いは頻繁に起きている。1週間か2週間前にプレゼンの予定が決まったとたん、チームが準備に取りかかってしまう。

まず原稿をまとめるのが最初のステップと思っているわけだ。そこでメンバーが集まって資料を作り始める。使う図表を決めて、その順番を決める。そうするうちにプレゼンの全体像が浮かび上がってくる。内容に充実感があり、順調に進んでいるように感じられる。

問題は、多くの場合、プレゼンの目的——つまりメッセージ——がはっきりしていないことだ。何を提案するのか。新製品の発売を提案するのか。値上げを提案するのか。それとも値下げすべきだと言うのか。

目的がなければ、資料は単なるデータの寄せ集めにすぎない。何かを言おうとしているわけではないので、結論となる要点が示されない。図表はあっても全体としてのストーリーがない。資料は膨れ上がっていく。ウォールストリート・ジャーナル紙のコラムニスト、ペギー・ヌーナンがこう書いている。

「自分が何を言おうとしているかわかっていないと、話が長くなってしまう。言おうとしていることがわかっていれば簡潔になる。聞く側にも、それはわかる」[*3]

目的がわからないままプレゼンの原稿を書くのは、目的地なしに車を運転するようなもので、ただ前に進んでいることを感じるだけの状態になる。

長いドライブを始めてから、助手席の友人にこう言う。「ボブ、最高だな！」

ボブは少し考えてから、こう答える。「最高だ。ところで、どこへ行くんだ？」

「何も考えていない。でも道が空いてるじゃないか！」

データを集めるだけでは、優れたプレゼンにはならない。それは単なるデータの集約で、ほとんど価値がない。方向性がないまま図表をまとめ上げるのは、まったく資料ができていない状態よりも有害だ。いったん図表をプレゼンに組み込むと、削除することが難しくなってしまうからだ。せっかく分析してまとめたのだから残しておこう、という心理が働くからだ。「これはよくできたセグメント分析だ。９つの購買グループに、さらに３つのグループを加えてある」。その分析がプレゼンにまったく役立たなくても残してしまう。

したがって最初のステップは、プレゼンで提案する事柄をはっきりさせることだ。何をするための会議なのか。自分が伝えるメッセージは何なのか。自分が目指す結果は？　相手に何を考えてもらいたいのか。どう感じてもらいたいのか。何をしてもらいたいのか。これらの点をはっきりさせることによって、明確な目的意識でプレゼンの原稿をまとめることができる。

古代ローマの伝説的な弁論家、カトーがこう言っている。

「メッセージが決まれば言葉はついてくる」[*4]

「クラフトBBQソース」の新戦略

クラフト時代の最も難しかったプレゼンの一つは、「クラフトBBQソース」の事業の方向修正に関する提案だった。業績そのものは良く、売上高、シェア、利益はいずれも拡大していた。全体的な業績の指標はすべて健全だった。

問題は、そうしたクラフトBBQ事業の成長がコスト削減とかなりの割引価格に立脚していることだった。アメリカの夏の二大祝日であるメモリアルデー（戦没将兵追悼記念日、5月の最終月曜日）から独立記念日（7月4日）までの期間、もともとクラフトBBQソースは1瓶79セントで販売されていた。ところがその3年前、ブランドマネジャーがメモリアルデーに合わせた販促イベントで2本99セントの特別価格を打ち出した。これが当たり、売上高とシェア、利益が大幅に伸びた。

その翌年、BBQチームはさらなる成長を生み出そうと、2つの祝日の前後1週間に価格をさらに割り引いた。これも大きな売上増につながり、収益も伸びた。

さらに翌年、BBQチームは2つの祝日の特別販売を3本99セントに引き下げた。これもまた事業の成長につながった。

しかし、その一方で、一連のコスト削減で品質が低下していた。トマトと糖蜜、スパイスの量を減らし、水や酢、塩などの安い成分を増やしたのだ。

これは明らかに持続不可能な道筋だった。売り上げの伸びは、ひとえに値引き販売によるものだった。引きつけられるのは価格に敏感な消費者だけで、自分好みの味を作り出すためのベースに使うだけの人たちも多かった。つまり、ブランド選好は実際には低下していた。人々はクラフトＢＢＱを買ってはいたが、商品に対する受け止め方が悪化していたのだ。

私はこの時期に事業を引き継ぎ、すぐに方向を転換しなければならないことを悟った。私はチームのメンバーとともに、品質を改善してプロモーションを減らし、広告宣伝とマーケティングに予算を充てる計画をまとめ上げた。確かな計画だったが、一つだけ問題があった。それは売上高とシェア、利益の急減につながることだった。短期的には、低価格志向の顧客が離れるので業績は悪化する。その一方で、長期的には事業の体質強化につながるが、そうなるまでに時間がかかる。人々のブランド認知を一夜にして変えることはできない。

この計画を売り込むのは容易ではなかった。状況を説明して先行きの変化を示し、代替の計画を提示しなければならなかった。当面の2年間、事業は厳しい局面を迎えることになる。

幸いにも、私は明確な目的意識をもって計画を検討する一連の会議に出ることができた。その目的とは、リスクと痛みを伴うが必要な戦略の転換に支援を得ることだった。最終的に私はチームの協力を得ながら、これが事業にとって正しい道筋であるということを関係者に納得してもらうことができた。

5 相手を知る

人はそれぞれに異なる。ロボットや標準化された機械とは違う。トマトが好きな人もいれば、嫌いな人もいるのと同じように、数字が好きな人と嫌いな人がいる。私はロデオとカントリーフェアが好きだが、妻はそうではない。

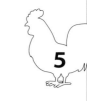

単純な洞察だが、これが優れたマーケティングの核心をなす。人はそれぞれ相違点が多すぎて、すべての人を喜ばせることはできないのだ。あらゆるタイプの人を喜ばせようとすれば、平凡な商品やサービスに行き着いてしまうだろう。誰にとっても十分ではあるが、誰にも完璧ではないという類いのものだ。当たり障りのない真ん中の商品で問題はないのだが、残念ながら競争が激しい今の世界で「問題はない」だけでは立ち行かない。

成功を収めるには、際立つことが必要だ。インパクトを与えて関心を引きつける方法は、それしかない。これはつまり、いくつか共通の性質をもつ人たちの集団に的を絞らなければならないということだ。完璧なサンドウィッチを作ろうとするなら、肉食の人たちかベジタリアンの人たちか、どちらか一方に的を絞る必要がある。タマネギが好きな人か、それとも嫌いな人か。

ターゲットを定めて理解することは、マーケティングの成功に必須だ。そして、同時に実践が難しい概念でもある。私たちは的を絞り込むのが好きではないからだ。

ターゲティングという考え方は、プレゼンテーションにも当てはまる。プレゼンに求めるものは人によって異なる。誰の心にも響くプレゼンというのは、まれにしかないはずだ。心理療法家のスーザン・ダウエルがこう言っている。

「人々は本当に異なる物の見方、交わり方をしている。この権利を尊重する必要がある。相手が出すサインを読み取る。物事についてどう話しているかに注意を向けることだ[*1]」

このような理由から、プレゼンの準備に取りかかる前にまず、相手について考える必要がある。自分が何を伝えようとしているのかを考えるだけでは不十分だ。自分がプレゼンをしようとしている相手について知り、その人たちが何を求めているのかを見極める必要もある。

プレゼンはマーケティングの作業

マーケティングの核心は、顧客を理解して交わることだ。マーケティングのレンズを通して見ると、焦点が製品から顧客に移る。問題は「何を売り込んでいるのか」ではなく「何がこの商品の特長なのか」だ。「顧客は何を求め、何を必要としているのか」「顧客が目的を達することをどのような形で助けられるか」を考えなければならない。

鉛筆のような基本的な商品でも、変化を見て取ることは可能だ。最初は直観的に、鉛筆について考えてみる。芯の耐久性や消しゴムの割れにくさ、発色の良さなどが思い浮かぶだろう。どれも商品の重要な特長になる。

しかし、マーケティングのレンズを通して見ると焦点が変わる。つまり鉛筆そのものから、顧客とそのニーズに変わるのだ。たとえば、ビジネスマンをターゲットにするなら、その鉛筆を使うことによる能率のアップや、良質の消しゴムで素早く修正できることのメリットを打ち出せるだろう。そうした点から最終的に、イノベーションのプロセス上の欠陥を問題点として指摘したり、状況の悪化に影響を受けにくいようにしておく必要性を訴えたりすることができるだろう。

同じ力学はプレゼンにも当てはまる。最初は直観的に、プレゼンそのものについて考えてみる。つまりテキストや図表、提案する要点などだ。そこからマーケティングのレンズを使って焦点を変えてみる。プレゼンをする相手は何を見たがっているのか。それをどのような形で見たがっているのか。

プレゼンの相手を明確に意識する

プレゼンの準備で最初の作業の一つは、相手を明確にすることだ。一番重要なのは誰なのか。スーザンなのか、それともマイケル、エドゥアルドなのか。

特定の個人に絞り込む必要がある。人それぞれの違いがあるので、複数の個人に同時に訴えかけようとすると大変なことになってしまう。メッセージを伝えようとする最も重要な相手を見極めたほうがいい。

どんな場合にも一番重要な人がいる。多くの場合、それは一番地位の高い人だ。たとえば、ルフトハンザ航空のCEO（最高経営責任者）にプレゼンをするのなら、そのCEOについて考えることになる。アメリカの大統領にプレゼンするのなら、その大統領について考える。

その会議で最も地位の高い人がキーパーソンにならない場合もある。たとえば、MBA取得者の新規採用をしようとする場合、キーパーソンになるのは一番手の候補者だ。そのプレゼンにCEOが出席しても最大のターゲットにはならない。

キーパーソンがはっきりしなければ、目的もはっきりしない。その会議の目的は？　その見極めができれば通常、誰がターゲットになるのかははっきりする。

相手の好みを知る

ターゲットになる相手がはっきりしたら、その人について深く理解し、何を求めているのかを見極めることに力を傾けられる。これはマーケティングにおける重要なステップだ。ターゲットについて理解していなければ、つながりをもつことは難しい。

相手の好みについて考えてみよう。どのような形の資料を見たがる人なのか。フォーマットや構成に好みはあるのか。人によって意見が大きく変わるように、会社によっても大きな違いがある。したがって、その会社の文化や規範を考慮に入れることも役立つ。

会議の人数についての好みは？

会議の規模についても人によって反応が異なる。人数は多いほうがいいという人もいれば、そうでない人もいる。大人数を好む人にプレゼンをするのなら、そのように会議の設定をする。人数は少ないほうがいいという人には、数人だけでプレゼンをするのがいいだろう。目標は、相手にとって居心地のいい環境で話を聞いてもらい、コミュニケーションをすることだ。少人数がいいという人を大人数の会議で真ん中に座らせれば、ストレスを与えることになる。周りを意識して発言が慎重になるだろう。味方になってもらって率直なフィードバックを得る上で、これは得策ではない。

逆に大人数がいいという人に2、3人で会議をすれば、気落ちされたり、テンションが下がったりしてしまうことになる。チームの他のメンバーはどうしたのか。なぜ、こんな少人数で会議をするのか――。

私はクラフト・フーズ時代に対照的な2人の上司をもった。一人は大きな会議が好きで、エンターテイナーのタイプだった。いつもジェリー・サインフェルドのジョークを言って周りを笑わせていた。人前で話すのが好きで毎日チームミーティングを開き、ランチも一緒にとって話を仕切っていた。この上司とコミュニケーションを取るには、大きな会議室に大勢の人を集めるのが得策だった。人数は多いほどいい。ショーマンの彼にとって、大人数の会議こそが輝ける舞台だった。

その後、逆に大人数の会議がとても苦手な人が上司になった。穏やかに話す人で、大勢の人がいる会議室では特に寡黙になりやすかった。この上司を味方につけて質疑をしてもらうには、ごく少人数の会議にする必要があった。5人か6人ほどが適正で、それ以上になると支障が生じることになった。

読むタイプか聞くタイプか

読むのが好きな人と聞くのが好きな人がいる。経営学者のピーター・ドラッカーがこう言っている。

「読むタイプと聞くタイプの人がいて、その両方という人はほとんどいないということを知っている人があまりにも少なすぎる」[*2]

この区別は重要だ。読むほうが好きな人たちを相手にするのなら、まず読んでもらうことから始めるプレゼンを組み立てる。前もって資料を配布し、会議の前に読んでおいてもらうようにする。

聞くほうが好きな人たちが相手であるのなら、すぐにプレゼンに入って自分の提案を口頭で説明していく。事前に資料を配布しても読んではもらえないと考えるべきだ。

相手が信頼しているのは誰か

たいていの人は、信頼して尊敬する相手が何人かいる。それは長年一緒に仕事をしている仲間かもしれない。一緒に成功を体験した間柄という場合もあるだろう。あるいは同じ学校の出身者かもしれない。

どのようなつながりであろうと、そうした同僚の影響力はとても強い。そうした人が薦めれば承認される可能性が高い。逆に難色を示されれば、提案は勢いを失ってしまうだろう。そうした存在になっている人を見極め、会議に出てもらうことが重要だ。事前に根回ししておくのもいいだろう。

このようなインフルエンサーを味方にできれば、最終的に承認が得られる可能性は大きく高まる。私がクラフトにいた当時、委託先の広告代理店の幹部たちは総じてとても尊敬されていた。ブランド戦略やコミュニケーションに関係する問題では、彼らを味方につけることが不可欠だった。

相手の考え方は？

人それぞれに考え方が異なる。複雑な問題にどうアプローチするか、一つの決まった形はない。プレゼンの組み立てを始める前に、相手がどのような考え方をするのかという点について考えてみるべきだ。

一つの重要なポイントは「帰納タイプか、推論タイプか」だ。２つの単純な問いで違いは見分けられる。データを見て結論を出そうとする人か。それとも、結論を見てから裏付けのデータを調べようとする人か。

まず提案内容を見たがるタイプの相手に対してデータから入れば、ひどくいら立たせてしまうだろう。手元の資料をめくって先のページを見たり、「何が言いたいんだ」と言ったりするような状態だ。

逆に、まずデータを見たがる相手に提案内容の説明から始めることは状況を悪くする。あなたは事を急ぎすぎていると思われ、相手は結論を知る前にデータを調べようとするだろう。

この区別をわきまえておかないと、散々な結果になってしまいかねない。相手の物の見方、問題に対する考え方を理解しておく必要がある。どれだけ細かいことまで知りたがるのかという点についても、人によって違いがある。

情報は詳しく多いほどいいというタイプの人には、指標などのデータをまとめたページを提示する。相手はそれをつぶさに見て質問したり、重要な傾向を見いだしたりしようとするだろう。

データを好む人にプレゼンをする場合には当然、データを示す必要がある。見出しや視覚的な要素に趣向を凝らしても、情報が足りなくてはうまくいかない。データはどこだ、と相手は不満を募らせてしまう。

逆に、データにいら立ちを感じる人もいる。数字がびっしり詰まったページを入れても、飛ばして先へ進もうとするだろう。このようなタイプの人に豊富なデータを示すのは、時間の無駄になるばかりか、自分の立場を悪くしてしまうことにもなる。緻密な分析に基づくプレゼンをしても、「それは結構だがアイデアはどこにある。アイデアの話をしよう」と言われることになりかねない。

相手の優先事項を理解する

人生で覚えておくべき最も重要な教訓の一つは、「誰もが問題を抱えている」ということだ。私たちは常に、なにがしかの心配事を抱えている。

ところが、私たちはこのことを忘れてしまいがちだ。たとえば職場の同僚を見て、「彼女は本当に何もかもうまくいっている。昇進したし、先週は業界の大きな会合で講演もした。本当に健康だし、最高に素晴らしい家族もいる。娘はスタンフォード大学に入ったし。あんな完璧な人生を味わってみたいものだ。自分は毎週1回、ジムに通うことすらできていない」と思ったりするように。

しかし、現実はそれほど美しくない。その同僚もあなたとまったく同じように、あらゆる種類の問題に折り合いをつけながら生活しているはずだ。健康上の問題もあれば、夫の気の利かなさに困っているかもしれない。次のプロジェクトのことをすごく心配しているかもしれない。

会社にいる誰もが困難に直面し、課題や問題を抱えている。郵便物担当の一番下の社員もCEOも同じことだ。ただ、困難や課題、問題の中身が違うだけだ。ゼネラル・エレクトリック（GE）のCEOだったジェフ・イメルトがこう言っている。

「自分がしている仕事以外は全部簡単に見える」[*3]

プレゼンをする際には、相手について考えることが重要だ。相手の優先事項は？　それがわかれば、それに合わせてプレゼンを組み立てられる。コーチングの専門家アンソニー・ロビンズの言葉を引こう。

「私がプレゼンの準備で最初にするのは、相手について知ることだ。何を一番必要としているのか。何を一番望んでいるのか。そして、何を一番心配しているのか。他の何よりもそれが重要だ」[*4]

次のような点について考えてみることだ。

このテーマはどれだけ重要か

この点から始めるようにしよう。重要なテーマであれば、聞く側も耳を傾ける。もっと詳しいことを知りたがり、力になってくれようとするかもしれない。

テーマに対する関心が薄ければ、別の角度から切り込む必要がある。相手は手短かなプレゼンを求めていると考えるべきだ。そのようなプレゼンにしないと、途中で退席されてしまうかもしれない。そうした相手の注意を引きつけた上で、提案や要請に進むことを考えよう。状況を率直に認めなければならない。あなたにとってはもちろん重要なプレゼンだ。経営幹部に対するプレゼンは常に、出世できるかどうかに関わる問題だ。

しかし現実として、あなたにとって重要だからといって聞く側が関心を向けるわけではない。私の実体験で言えば、サラダドレッシング「セブン・シーズ」の適正な価格について考えるのにかなりの時間を費やしたが、クラフトのCEOはまったく関心を示してくれなかった。対処すべきもっと重要な問題が他にあったからだ。

相手が目指しているものは？

個人的な目標について考えることが極めて重要だ。相手にとって重要なのは何なのか。

相手が早急な成果を求めているのなら、自分の計画が数字の改善にすぐにつながるということを強調するべきだ。逆に、短期的には利益に悪影響を及ぼすような内容の計画であれば、厳しいプレゼンになることを覚悟すべきだ。

相手が変革への圧力を受けている場合には、変革を柱にして、提案を新規巻き直しとして打ち出す。「新しいアプローチを取るべき時」「現行計画はうまくいっていない」といった言葉を使うようにする。

相手の信条は？

企業の幹部は特定の信条をもっていることが多く、それが戦略の中核となる。たとえば改革や効率、破壊的イノベーション（革新）などだ。このような相手の信条を見極められれば、自分の提案をそれと結びつけることができる。「変容」が口癖の相手には、変容という言葉を何度も使うようにする。

私はイノベーションと新しい考え方を求める上司の下で働いた時期、新しいアイデアを持ち出すようにした。どのプレゼンでも、提案をイノベーションとして打ち出した。プロモーション、広告宣伝、パッケージデザイン、顧客サービスにイノベーションを加えた。私のチームは社内で最も革新的だった。そして、プレゼンは大体うまくいった。人質事件の交渉を専門に手がけるリチャード・ミュラーが、このアプローチを活用している。「私が人を説得できるのは、自分の言葉でなく相手の言葉を使うからだ」[*5]

相手の受け止め方を考える

相手の「現在位置」について考える必要がある。あなたの状況について、相手はどのように考えているのか。相手の受け止め方は？ 私たちは人に話をするとき、必ずこれをやっている。相手がもう知っていることの上に、新しいことを重ねていくわけだ。たとえば、ジョンがあなたの同僚であることを知っている人に向かって、「ジョンっていうやつと仕事をしているんだけど、昨日……」と話したりはしない。あなたが大きなプロジェクトに取り組んでいることを知っている相手に、「新しい大きなプロジェクトのメンバーになったんだけど、驚いたことにね……」と言うこともないはずだ。私たちは無意識のうちに相手が知っていることをわきまえ、そこから話を始める。

これはプレゼンの組み立てでも必須となる。資料の作成に入る前に、相手の「現在位置」を理解する必要があるのだ。

相手はどれだけ知っているか

最も重要なポイントの一つは、相手がプレゼンのテーマについてどれだけ知っているかだ。よく知っている事柄であれば、前提となる情報を伝える必要はない。業界の専門用語を使ったり、分析の説明も手短かにできる。逆に相手にとってなじみの薄いテーマなら、もっと詳しく説明する必要がある。業界の専門用語を使うのは控えめにして、別の言葉や数字で説明するようにする。

この点をわきまえることが重要だ。ベテランの相手に業界の基本的な事柄について延々と聞かせては、いら立たせてしまうことになる。具体的な提案に入る前に支持を失ってしまいかねない。

それほど経験のない相手に説明を端折るのも問題で、混乱させてしまうことになる。相手に多くの疑問点を与えてしまうのは禁物だ。その人が質問を重ねて会議の進行が遅くなり、周りに迷惑をかけているような状態になってしまう。かといって質問しなければ理解できない。いずれにせよ、うまくいかない。

相手がどこまで知っているかをつかむのは簡単ではない。相手の立場になって考える必要がある。ハーバード大学のスティーブン・ピンカー教授は、これを「知識の呪い」と呼んでいる。「自分が知っていることを他人が知らないということを想像しづらくなってしまっている」状態だ。自分は何を知らないのか、私たちは自分ではわからない。したがって、これはなおさら大きな問題になる。ピンカーはこう説明している。

「車を運転できないほど酔っていることがわからなくなっている酔っぱらいのように、私たちは知識の呪いに気づかない。それに気づくことを妨げる呪いなのだから」[*6]

プレゼンを聞く経営幹部がどれだけ深く知っているのかを見極める上で、次のような基本的な問いが役立つ。

- 事業責任者になったのはいつか
- 前回の報告はいつで、その時に何がわかったか
- この数週間、相手はどんなリポートに目を通しているか
- 他に誰から話を聞いているか

すでに意見をもっている相手か

これも極めて重要なポイントだ。特定の問題について話をする場合、相手がすでに意見をもっているのかどうかを知る必要がある。それ次第で進め方が大きく違ってくる。

たとえば、あなたの提案と基本的に同じ見解をもつ人を相手にする場合には、その点を確認するためのプレゼンを組み立てればいい。逆に意見が違う人が相手であれば、話は大きく違ってくる。意見を変えさせて、味方につけなければならないのだ。

相手の考え方によって、プレゼンの基本構成は大きく変わる。自分と同意見の人が相手であれば、早々に提案に入っていくべきだ。それで納得してもらえるだろう。それまでに時間をかければ、逆に相手をいら立たせてしまう。相手が別の意見をもっている場合には、複数の選択肢を提示し、その比較から自分の提案がベストであることを示すようにする。

下調べをする

プレゼンの相手を理解するのは簡単なことではない。事前に下調べをして見極めをつけておく必要がある。経営幹部を理解する上で役立つ方法の一つは、その人のチームの誰かに話を聞くことだ。

たとえばチームメンバーのモニカに、「来週、新商品の発売についてアンジェラにプレゼンをするんだけど、こうしたほうがいいとかある？　どんな人なの？」と聞いてみる。また、ストレートに当の本人に聞くという手もある。会議の前に副社長と顔を合わせる機会があれば、「プレゼンでご覧になりたいのはどんなことですか」と質問してみる。

ただし、このやり方には注意が必要だ。私たちは、自分が何を求めているかを自覚していないことも少なくない。あるいは自分が求めていると思っているものを求めようとしない、さらには自分が求めていると思っていても実際には欲しがっていない——。これはマーケティング上の難題の一つだ。

このような理由から、具体的に例を示してもらうことが往々にして役立つ。こう聞いてみよう——「あのプレゼンは良かったという実例を挙げてもらえますか」。これで一定の手がかりが得られる。プレゼンの全体的な構成や必要な説明の細かさ、時間の長さなどだ。

しかし、一番いいのは相手を観察することかもしれない。相手の言葉ではなく行動を見るようにする。どんな性格がうかがえるだろうか。どんな時にいら立ったり、うるさがったりするだろうか。その人自身がプレゼンをする時のスタイルは？

優れたプレゼンをするには、相手を知らなければならない。そのためには、常に観察してメモを取り、学習するという学びの姿勢を取る必要がある。

プレゼンの設計図を作る

図表5-1　プレゼンテーション・ブリーフの一例

目的	エブリデイ・ロープライス戦略に合意を得る
相手	**スーザン・ウェリントン**：日用品部門上級副社長 ・多忙で時間に遅れるのが普通。事前に資料を読む ・今年は好業績を出すようプレッシャーを受けている ・事業に精通している ・計画については知っており、総じて支持してもらえる **マークス・オークデール**：日用品部門販売担当責任者 ・計画を強く支持している ・財務についてはあまり詳しくない
フォーマット	役員会議室で１時間の会議
他の関連事項	会議で最終決定を下す必要がある マーケティング、財務、販売の担当者がプレゼンに加わるべき

広告の世界では、新しい広告キャンペーンを立ち上げる際には「クリエイティブ・ブリーフ」を作る。戦略を簡潔にまとめた文書だ。クリエイティブ・ブリーフには様々な形式があるが、一般的に目的とターゲット、メッセージは必ず盛り込まれる。

プレゼンの準備にも同じやり方ができる。その「プレゼンテーション・ブリーフ」には、いくつかの要素がある。

●目的：この会議は何を目的とするものか。なぜ、このプレゼンを準備しているのか。

●相手：このプレゼンを受けて、決定を下すのは誰か。その人の選好や優先事項、物の考え方について、何がわかっているか。その他に出席する人たちは誰か。

●フォーマット：時間はどれだけもらえるか。会議の場所は？　社内か社外か。

●他の関連事項：他に考えるべき要素は何か。特に議論を呼ぶテーマか。タイミングは適正か。会議で最終決定まで至る必要があるか。

プレゼンテーション・ブリーフは、たとえば図表5―1のような形になる。

6 あらゆるプレゼンに必要な5つの要素

すべてのプレゼンテーションに必要なものがいくつかある。つまり基本的な要素だ。次の5つの要素を必ず含めるようにすることで、多くの問題を防ぐことができる。

1 タイトルページ

プレゼンには必ず体裁の整ったタイトルページを用意すること。これは単純な追加的要素だが、2つの面で大きな価値をもつ。

第一に、タイトルページはプレゼンをドレスアップする簡単な方法だ。細かい部分まで配慮が行き届いていること、プレゼンの準備に時間をかけたということが伝わる。プレゼンに箔もつく。ケロッグ経営大学院の同僚のクレイグ・ワートマンが最近の授業でこう言っている。「高級品はきれいなパッケージに入っている」

第二に、実際問題として、話を始める前にタイトルページを提示しておくことが必要になる。聞く側の準備が整うまでに必ず1分か2分かかるものだ。これがタイトルページの時間となる。

タイトルページには次のような要素を入れるべきだ。

タイトル

つまりテーマだ。通常、プレゼンの表題は内容を反映する。価格がテーマであるのなら、タイトルにも価格という言葉を使うべきだ。

タイトルについては考えるべき点が2つある。

一つは「中立性」だ。常にタイトルで自分の提案を示すということにはならない。そうするのは、自分の提案が受け入れられるという成算がある場合に限られる。たとえば「ブラジル市場進出の提案」というタイトルにすれば、自分の考えをはっきり示せるが、聞く側がそのアイデアに同意していない場合には、すぐに反対意見を述べようという構えを取らせてしまうことになる。

相手は反対論の根拠をまとめ、ブラジル市場に進出するべきでない理由を事細かに挙げるだろう。もっと一般的な「ブラジル市場の分析と提案」というタイトルにすれば、すぐに反発を招く危険は薄れる。議論を呼ぶ提案説明に入る前に、自分の考え方を示すことができるのだ。

もう一つの考えるべき点は「守秘性」だ。慎重な扱いを要するプレゼンには、コードネームを使うという手がある。コーポレート・インテリジェンス（企業情報分析）は多くの企業にとって重要な意味をもつようになっており、プレゼンのテーマを示すタイトルページが外部に漏れるだけでも、競合他社に内容を知られてしまうことになる。さらに重要な点として、出席者がそのタイトルで資料をファイルに保存するかもしれない。そうなると部外者の目に留まることになりかねない。「ブラジル進出の提案」では一目瞭然だ。

私はクラフト・フーズにいた時期、ポテトサラダのドレッシングの新商品発売計画を「プロジェクト・スパッド」と呼んでいた（スパッド＝spudはジャガイモのこと）。

日付

日付をタイトルページに入れるようにする。

社内では関連するプレゼンがいろいろと行われることになるので、必ず日付を入れておくことが大事だ。新商品の発売に関しては何十回と会議が行われる。ブラジル進出計画についても同様だ。日付を入れることで、どの段階のプレゼンだったのかすぐに見分けがつく。

自分にとっては必要性が薄いので、日付は忘れられがちだ。聞く側もスマホを見れば日付はわかるのだが、後々になって必要になる。何回かプレゼンをした後で「あの時の資料」を見る必要が出てきたりするからだ。

名前

多くの人がタイトルページに入れるのを忘れている事柄の一つに、名前がある。あなたは常にシンプルな問いに答える必要がある。「これは誰が書いたのか」

大企業では頻繁に人が入れ替わる。昇進や他部署への異動、あるいは新たなチャンスを求めて退職する人もいる。そうしたなかで、11月にプロジェクトに取り組んでいたチームが3月には大幅に変わっているということも起こりうる。プレゼンの時点では誰がチームにいるのかは明確でも、数カ月で状況が変わってしまうかもしれない。

後になって、その時のメンバーに聞きたいことや確認したいことが出てくるかもしれない。

場所

プレゼンの場所をタイトルページに入れるのは必須ではないが、情報の一つとして意味をもつ場合もある。私の場合で言えば、ケロッグ経営大学院でプレゼンをするとき、タイトルページに場所は書かない。場所はほとんどエバンストンと決まっているからだ。

2 目的

プレゼンは目的を述べることから始めるのが鉄則だ。つまり「私たちは今ここで何をしようとしているのか」だ。これは、いわば行き先の確認だ。この飛行機はどこに向かっているのか。目的はたとえば——

- 年間マーケティング計画の見直し
- 最新の業績に関する議論
- 新製品の提案の検討

いずれにせよ、どんな場合にも目的がある。思い出してほしい。まずするべきことの一つは、プレゼンをする理由をはっきりさせることだ。会議をする理由がわからないのなら、そもそもプレゼンをするべきではない。キャンセルして、時間を無駄にしないことだ。

まず目的を示すことは、プレゼンをする側にとっても聞く側にとっても有用だ。プレゼンをする側にとっては、プレゼンの基礎が固まって焦点が定まりやすくなる。聞く側にとっては、最初に会議の目的がはっきりする。経営コンサルタントのスコット・バークンが言っている。

「要点を説明するのに10分もかかるのなら、何かが大きく間違っている」[*1]

3 議題

どんなプレゼンにも議題があるはずだ。これはシンプルな基本原則だ。議題によって構成が決まる。つまり、どこに何が来るのかというプレゼンのマップだ。

プレゼンの最初に議題を提示し、基本的な流れを示す。一般論として、議題は何回か示すことになる。たとえば議題が5項目ある場合、議題の提示はおそらく6回になるだろう。全体の流れとして議題を提示した上で、個別の部分で5回提示することになるからだ。それぞれの部分で説明に入ったら、当該の項目に印を付けて自分の「現在位置」を確かめておく。議題は一連の道標になるわけだ。

タイトルページに議題を含めるべき最大の理由は、どのテーマがどの段階で取り上げられるのか、聞く側が見通せるようにすることにある。この意味は大きい。どの段階で提案が出てくるのか、あるいはいくつの部分で構成されるのか、聞く側は先を見通せて落ち着ける。

TEDカンファレンス代表のクリス・アンダーソンは、講演全体の方向性を定めることの重要性についてこう言っている。

「話がどの方向に進んでいくのかがわかっていれば、聞く側もはるかについていきやすくなる」[*2]

聞く側を宙ぶらりんの状態にするのは得策ではない。何が議題で話がどう進んでいくのかがわからなければ、たとえば過去7年間の日本の消費者からの苦情の分析結果について説明しても、落ち着いて話を聞いてもらえないだろう。

私は最近、議題のないプレゼンを聞き、あらためて問題の大きさを実感した。午後2～3時の会議でプレゼンは時間どおりに始まり、まず事業に関する興味深い考察が示された。詳細なセグメント調査と競争分析の結果も示されたが、その時点ですでに2時半になっていた。まだ提案には入っていない。

もう2時40分になろうかという時点で、私は気持ちが落ち着かなくなった――「提案はいつ出てくるのか」。2時45分になると、「もう提案はないのかもしれない。それとも自分が会議の終了時間を間違えていたのか」という思いが頭をよぎった。2時50分になるともう待てなくなり、私は話に割って入って質問をぶつけた。

結果的には、そのチームは論理的な提案をもっていた。単にプレゼンの進行が予定時間をオーバーしていたのだった。だが、それでもプレゼンの結果は良くなかった。提案の説明が駆け足になり、とても不満の残る幕切れになってしまったからだ。驚くまでもなく、何も結論は出ず、また会議を開くということになった。

議題は、プレゼンをする側にとっても有用な道具になる。議題を定めることによって、プレゼンの流れと構成を考えざるを得なくなる。セクションの構成を決めるには、何をどこで言うかを考え抜かなければならない。議題を紙に書き出すという単純な作業によって、プレゼンに一定の論理と整合性が生まれるのだ。何を先に言い、何を後で言うのかという問題だ。

議題を書き出してみて、このプレゼンではうまくいかないとわかることもある。構成部分が多すぎたり、一つの流れにならなかったりする場合だ。これは有用なフィードバックになる。効果的でないプレゼンをまとめ上げてしまう危険が減るからだ。

議題の設定によって、時間の配分もうまくいくようになる。たとえば最初のセクションをプレゼンしている最中に時間が押していることに気づけば、その時点で時間管理の問題に対処できるようになる。

議題は長すぎても短すぎてもいけない。ハーバード大学のスティーブン・ピンカー教授がこう言っている。

「文章の構成を決めるのと同じで、行き先を示す手がかりの数を決めることに判断力と妥協が求められる。手がかりが多すぎると、読み手は手がかりを読んでいるような状態になってしまう。手がかりが少なすぎると、読み手は行き先がわからなくなってしまう」[*3]

1つの論点だけを議題として示すのは意味をなさない。何のための会議かということになってしまう。2つの論点でも少なすぎるかもしれない。もしそうだとしたら、自分の論点をもっと細かく分ける必要がありそうだ。

逆に論点が多すぎるのも禁物だ。議題に10項目とか15項目を盛り込んでも、うまくいかない。それでは多すぎる。細切れ状態にばらけたプレゼンになってしまう。

あまりに大きな議題になってしまったら、何回かの会議に分けることを考えるべきだ。議題が15項目になれば、5項目ずつ3回に分けることができる。

4 概要

こう声に出して言ってみてほしい。「必ず概要を入れる」。そして、もう一度だ。「必ず概要を入れる」

それほど概要が大事な理由は単純、聞く側は忙しいからだ。それぞれ仕事をたくさん抱え、会社でも家でも様々なことに頭を悩ませている。注意を向けてもらえる時間は短い。

つまり、相手が本当に耳を傾けてくれる時間はごく限られるということだ。それはどのくらいか。ほんの数分だけかもしれない。ＣＥＯはスマホを取り出してメールをチェックしたり、隣の人と話したりするだろう。最悪の場合、途中で退席してしまうかもしれない。

簡潔な概要で要点を示すことができる。プレゼンの内容をいくつかの文章に凝縮する。何よりも大事なのは、その会議の意義を示せることだ。スコット・バークンの言葉を思い出してほしい。

「要点を説明するのに10分もかかるのなら、何かが大きく間違っている」[*4]

ほとんどの場合、概要には提案内容が含まれる。つまり、最初に自分が提案しようとすることを伝えておくということだ。

提案は後からにしたいという場合もある。この場合、「私たちはプランAを推します」と言う代わりに「2つの選択肢があります。プランAとプランBです」ということになる。一般論として、このアプローチを取るのは、提案を支持してもらえそうにないことがわかっている場合だ。ＣＥＯはプランBがお気に入りで、あなたはプランAを推しているとしたら、議論の入り方に注意する必要がある。順を追って論を立てていくべきかもしれない。いきなり提案を示せば、ＣＥＯを身構えさせてしまうことになりかねない。

聞く側にとって、概要は極めて有用な価値がある。全体の方向性が自分の考え方と合っていれば、もう話を聞くまでもなく他のことができる。疑問点がわかれば、その部分の話を集中して聞けばいい。

原則として概要は1ページで見出しを付け、5項目か6項目の箇条書きにするべきだ。こうすることで、自分のプレゼンの要点を凝縮せざるを得なくなる。3ページや4ページの概要では実際にうまくいかない。それでは細かすぎるのだ。その概要の説明が終わった時点で、もうプレゼンは必要ないような状態になってしまう。

概要は議題の前でも後でもいい。概要を前に置くことで効果が生まれる場合も多い。まず基本的な論点と提案を示した上で、1歩ずつ説明を進めていく形になる。

概要と議題は一つに結びついているべきだ。最初のポイントが「事業は極めてうまくいっている」ということであれば、まず「事業の現状」という議題でプレゼンを始め、どれだけ事業がうまくいっているかについて説明するべきだろう。

最初に概要を書き、それからプレゼンの準備に取りかかるという人もいる。逆に最後に書くという人もいる。多くの場合、これは循環するプロセスになる。まず最初に文案を書いておき、プレゼンの構成がまとまってきた段階で手直しをするという手順だ。

5 結論

プレゼンは確かな言葉で締めくくる必要がある。そのための最善の方法が強力な結論のページを付けることだ。

最後のページがないと、聞く側はプレゼンが終わったのかどうかあやふやな気持ちになる。素晴らしいパフォーマンスには必ず決定的なエンディングがある。映画の最後にはクレジットロールが出てくる。演劇が終われば幕が下りる。シンガーはたいてい最高の持ち歌を最後までとっておき、「サンキュー・ソー・マッチ！　ウィー・ラブ・ユー、トーキョー！」と叫びながらステージを去り、それから客席が明るくなる。これらはすべて、観客に終わったことを示すためのものだ。たいていの会議室には幕などない。照明を明るくすることはできるが、クレジットロールはできない。

結論ページがないと、説明者が立ち続けたまま沈黙の時間が流れるという間の悪い終わり方になってしまいかねない。あるいは「プレゼンは以上です」とか「何かご質問は？」といった陳腐な終わり方になってしまうかもしれない。

プレゼンがうまくいってもいかなくても、最後のページは重要な意味をもつ。うまくいった場合には、聞いていた人全員をうなずかせて締めくくりたい。ここが、本当に要点を理解させて同意を固める時になる。逆に苦戦を強いられるプレゼンになった場合には、この結論の部分は自分の主張をもう一度訴える最後のチャンスになり、また次の機会につなげることができる。

簡潔なまとめページによって、要点をおさらいできる。このページは手短かにまとめる。ここは詳しいことを言う場面ではない。まとめのページに財務データや市場調査の結果を盛り込むべきではない。重要な要点だけを列挙するのだ。

この結論を示すページに新しい内容を入れるべきでもない。聞いていた人たちが席を立とうとしかけているときに、「したがって220億ドルの買収が妥当」といったことを言うべきではない。

最初に示した「概要」のページを最後にもう一度示すという方法もある。このシンプルなやり方も大きな効果を生み出しうる。

もう一つの方法として、次のステップに言及してプレゼンを終わるというやり方もある。これはプレゼンを行動に結びつける効果的な方法になる。たとえば、これから3つのことが行われるはずだと出席者全員が思うようになった状態で会議が終われば、実際にその3つのことが行われる可能性が高まる。

7 ストーリーをまとめる

ここからはプレゼンテーションの組み立てという実際の作業に入る。スライドで示す資料のページをまとめていくのだ。自分の主張を示せるようにする。これは大変な仕事だ。イギリスの名宰相、ウィンストン・チャーチルがこう言っている。

「基礎を整えてデータを集め、結論を支えられる前提を立てなければならない[*1]」

プレゼンの中核をなすのは「ストーリー」、つまり論理的な思考と情報の流れだ。流れをまとめ上げるのは簡単なことではないが、これがおそらくプレゼンの一番重要なステップだろう。コミュニケーションのコーチ、カーマイン・ガロの言葉を借りよう。

「ストーリーとプロットをまとめること、それが力強さと説得力、カリスマ性をもって自分のアイデアを売り込む上で最初のステップになる。このステップをこなせるかどうかが、平凡なコミュニケーターと優れたコミュニケーターとの差である[*2]」

力強い流れがあってこそ、プレゼンはうまくいく。1つのページが論理的に次のページにつながっていく。そうすれば聞く側が直観的に理解でき、スムーズな流れになる。問題点に対する答えが示され、聞く人たちはうなずきながら話に引き込まれていく。わかりやすい話だと受け止められるので、提案が受け入れられやすくなる。行動経済学者のダニエル・カーネマンがこう言っている。

「認知的に楽な状態にあると気分が良くなり、自分が目にしたものを気に入り、聞いたことを信じ、その状況が慣れ親しんだ心地良いものに思えやすくなる」[*3]

逆に流れが悪いと、わかりにくいプレゼンになってしまう。ページとページのつながりが悪く、散漫なプレゼンという印象になる。聞いている人たちは前のページに戻ったり、先のページをめくったりして話についていこうとすることになりかねない。

説得力のあるプレゼンには、正しい構成が欠かせない。家を建てるときの骨組みと同じことだ。「プレゼンや講演で何かを訴えようとするなら、構成に力を傾ける必要がある」とフィナンシャル・タイムズ紙のコラムニスト、サム・リースは書いている。[*4]

ストーリーを見つけ出すのは簡単なことではない。現実の世界は複雑で、事業を取り巻く問題には複数の側面が関係しているかもしれない。調べるべきデータは相当な量になる。複雑な状況をシンプルなストーリーにするには、本当に努力を傾ける必要がある。

プレゼンは一つのストーリー

プレゼンの流れについて見極める最良の方法は、一つのストーリーとして考えることだ。情報やデータを提示するのではなく、その事業に関する「物語」を相手に伝えるのだ。

私たちは日常、自然に物語を話している。人間は何千年も前からそうしてきた。TEDカンファレンスのクリス・アンダーソンがこう言っている。

「話し手に旅に連れて行ってもらう。一度に一歩ずつ進んでいくわけだ。たき火を囲んでいた長い歴史のおかげで、私たちの頭は本当に話によくついていけるようになっている」[*5]

プレゼンの専門家であるナンシー・デュアルテも同じ見解で、2011年のTEDでこう語っている。

「物語という構成には何か魔術的なものがある」[*6]

まとまりの良いストーリーは論理的に感じられる。一つの流れの中で要点が次々に示され、聞く側は関心を引きつけられる。こんな話について考えてみてほしい。

昨日のこと聞いた？　ピーターは学校に遅刻して、大通りを車で飛ばしてたんだ。ユニオンストリートに曲がったところで警官に見られたんだけど、ピーターは止まらず、そのまま走り続けたんだ。信じられないよね。
ユニオンストリートを走り続けてプレザントアベニューに曲がり、高校に向かっていた。でもパトカーが追いかけてきていたので、ショッピングプラザを突っ切ろうとした。ところが、もう一人の警官に先回りされていて、捕まってしまった。本当にまずいことだよ。どうするんだろう。

この話は自然な感じがする。始まりの部分があって、実際の状況に入っていく。一つの出来事が次の出来事へとつながっている。十分な情報もあり、脈絡のない無関係なことは入っていない。これは強いストーリーだ。では、次にこの話はどうだろうか。

ピーターは今日、車で学校に向かってた。お父さんの古いビュイックだと思う。あの古い車、憶えてるよね。ブルーだけど、相当擦ってあるやつ。先月、あの車を運転したんだ。一緒にお昼を食べに行ったときにね。ウェンディーズだったかな。ウェンディーズのハンバーガーは嫌い？　彼は遅刻してたんで、スピードを出したんだね。ぼくは制限速度を守るようにしてるから、違反切符はもらわない。切符もらったことある？　ぼくは先週、切られちゃった。罰金100ドルだよ！　困っちゃうよ。そんなお金はないんだ。車のクラッチにガタがきているし。クラッチの修理にいくらかかるか知ってる？　警官がピーターを見てね、学校まで追っかけたんだ。日曜のフットボールの試合、どっちが勝つと思う？

これも同じ話をしているのだが、流れが何度も途切れてしまっている。脈絡のない無関係な情報が入り、話があちこちに飛んでしまっている。話がどこに向かっているのか、どこに注意を向ければいいのかわからない。いったい、ポイントはどこなのか。これではストーリーとして成り立たない。

流れを見つける

ストーリーをまとめるには、次のような事柄について考えてみることが役立つ。

要点から始める

要点は何かと考えることから始める。何を伝えようとしているのか。たいていの場合、これは目的と関係する。

この段階では、細かいデータは無視するべきだ。重要なポイントに的を絞る。たとえば、「売り上げは急速に伸びている」というのは重要なポイントだ。この段階では、「売り上げは7・8％増加している」というのは必要以上に細かい情報ということになる。主張を裏付けるための具体的なデータは、後の段階で必要になる。表やグラフも必要になるが、それもこの段階ではない。

デロイトのジョナサン・コパルスキー元ＣＭＯ（最高マーケティング責任者）は、プレゼンにおける「水平論理」と「垂直論理」という区別をしている。水平論理は各ページの間の流れ、垂直論理は各ページの構成のことだ。ストーリーについて考える際には、水平論理に焦点を合わせる。最終的に資料に含めるということが決まるまで、個々のページの内容について頭を悩ませるべきではない。

ここでの目標は、それぞれのポイントの正しい順序を見極めることだ。覚えておくべき点として、最終的に一連のポイントの流れが提案につながるようにする必要がある。

始まりを決める

最初の問題は「始まりの部分」だ。何からプレゼンを始めるのか。この点を見極めることが、最初のステップの一つだ。前出のナンシー・デュアルテが指摘している。

「どんなプレゼンでも、最初に状況を固めておく必要がある。これが現状です。このような状況になっています、ということだ[*7]」

一般的な原則として、あまり昔のことにまでさかのぼらないようにする。たとえば、「１９７２年には事業はうまくいっていました。市場シェアも売上高も利益も、すべて大きく伸びていました」ということからプレゼンを始めるとすると、それからが大仕事になってしまう。72年以降の推移をすべてたどらなければならないからだ。そうしなければ現状の原因をたどれないという場合を除いて、プレゼンは現在あるいは最近の状況から始めるのが定石だ。

どこから始めるかは、カギを握る相手によっても変わる。ＣＥＯ（最高経営責任者）に対してプレゼンをするのなら、そのＣＥＯはどこまで詳しく知っているのかを考えてみる。前回の報告で、あなたが話したことは？　その後に相手が耳にしているはずの事柄は？

業績などについて毎週報告をしているのなら、３年前のことから始めるべきではない。それはもう話したことであるはずだ。また繰り返す必要はない。

しかし、相手が事業についてあまり詳しくない場合には、まず過去の経緯を少し説明して現状を理解してもらうのが効果的かもしれない。

重要なポイントとして、あなたが前回の会議で話したことを相手が覚えているとは限らないので、多少のおさらいが必要になる。今や企業の幹部はたいてい大量の情報や報告を受け、事業の細かい状況を思い出しにくい状態にある。それが特にひどくなっている場合には、手短かに状況についておさらいすることが適切な出発点になる。まず相手を見極めよう。それによって始め方を決めるのだ。

論理的な質問に答える

プレゼンは、始まりの部分から論理的な流れに沿う必要がある。そこで重要になるのが「おのずと頭に浮かぶ疑問点は何か」という点だ。たとえば「4月に新しい948ポリマーを発売しました」と言う場合、おのずと出てくるのは「その売れ行きはどうか」「発売をどうバックアップしたのか」といった疑問だろう。

この最初の疑問がプレゼン全体の流れを決めることになるので、この点についてじっくり考える必要がある。たとえば「昨年は好業績でした」「第3四半期の業績は気がかりです」「デジタル・プラットフォームが急速に成長しています」など、それぞれプレゼンの始まりによって、その後のストーリーの展開が変わってくる。

リストを作らない

「ストーリーはリストではない」という点を頭に刻んでおこう。目的は多くのデータを示すことではなく、一つのポイントから次のポイントへと進んでいくことだ。

リストの作成は簡単だが、記憶に残りにくい。たとえば、10項目のリストをまとめるのは難しくない。「私が好きな食べ物トップ10」「休暇に旅行した6つの場所」「怖いと思うこと」といったリストをまとめてみてほしい。簡単にできるはずだ。しかし、それを他の人に見せても、相手はすぐにほとんどの内容を忘れてしまうだろう。

それに対し、ストーリーは訴求力が強いので記憶に残りやすいが、それだけにまとめるのも難しい。脚本家のロバート・マッキーが言っている。

「並みの頭があれば誰でもリストはまとめられるが、物語にして納得させるのは難しい」[*8]

2つのテクニック

ストーリーのまとめ上げには数々の方法があるが、一般的な2つの方法として「まず話してみること」と「ストーリーボードの作成」がある。

まず話してみてから書く

ストーリーの流れを見つけ出すシンプルな方法の一つは、誰かにストーリーを話してみてから書き始めることだ。

この方法は、書くより話すほうが楽という私たち人間の習性に基づいている。話すことは直観的にできる。ほとんど誰もがストーリーを話している。あのチャールズ・ダーウィンもこの点に気づき、こう書いている。

「小さな子どもが独りでしゃべっているのを見ればわかるように、人間には話すという本能的な性向がある。書こうとする本能的な性向をもつ子どもはいない」[*9]

ストーリーを話すとき、私たちは情報のつながりを示している。これがプレゼンの構成だ。自然な会話に近いほどプレゼンはうまくいく。作家のジェフリー・ジェームズも話すという方法を重用している。

「コミュニケーションをシンプルにするコツは、話すように書くことだ。私の経験からして、はっきり書くよりもはっきり話すほうがうまいという人がほとんどだ」[*10]

キャリー・レムコウィッツも著書にこう書いている。

「聞いている人たちを子どもだと思って、お話を聞かせるようにすればいい」[*11]

これにもいくつかの方法がある。一つは録音することで、ストーリーを最後まで話してから書き起こす。もう一つは、他の誰かに聞かせて、要点が正しい順序になっているかを確かめてみることだ。

ストーリーボード

ストーリーをまとめるのに役立つ方法の一つに、ストーリーボードがある。プレゼンで示す資料のページを流れに沿って並べてみるという方法だ。

まず紙を用意して、3×3の「ボード」を作る。それぞれのボックスがプレゼンの1ページになる。図表7―1のようにパソコン上でボックスを作ってもいい。

そして、それぞれのボックスにページの見出しを書き、その下にページの内容について書き込む。見出しとグラフ、見出しと箇条書きといった形になる。見出しだけでもいい。体裁を気にする必要はない。

たとえば図表7―2のようになる。

鉛筆を使うのがいい。書き込んだ見出しを消して、別のボックスに移したりすることができるからだ。私はパソコンは使わない。なぜか項目の入れ替えがしにくいように感じられるからだ。コミュニケーションのコーチ、カーマイン・ガロも同じ受け止め方で、こう書いている。

「ホワイトボードであれ、レポート用紙、ポストイットであれ、デジタルに行く前にアナログで時間をかけることだ[*12]」

詳しいことを書く必要はなく、ごく大ざっぱでいい。図表7―2では、各ページが数語程

図表7-1

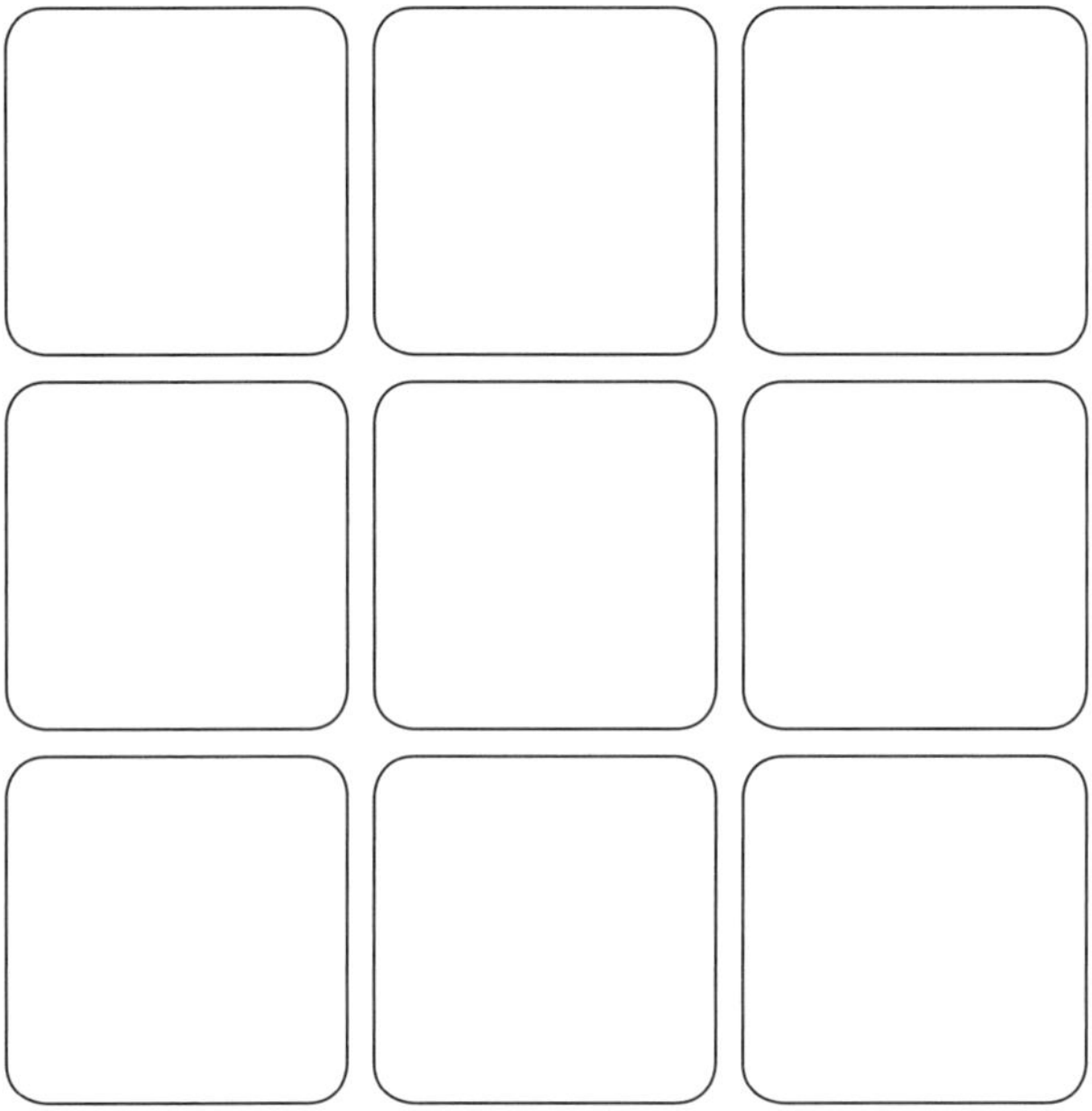

図表7-2

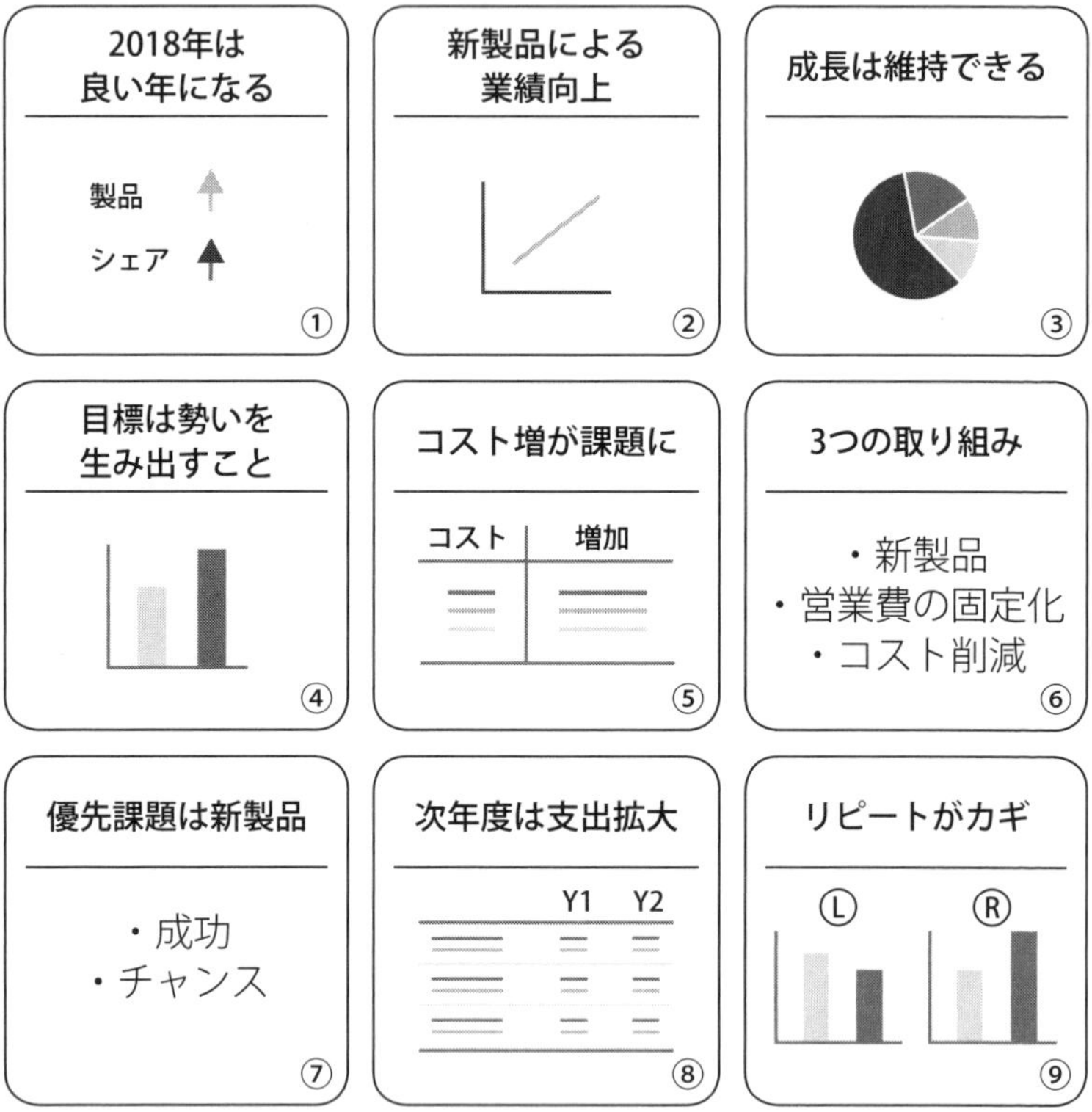
2018年は
良い年になる
製品
シェア
①
新製品による
業績向上
②
成長は維持できる
③
目標は勢いを
生み出すこと
④
コスト増が課題に
コスト
増加
⑤
3つの取り組み
・新製品
・営業費の固定化
・コスト削減
⑥
優先課題は新製品
・成功
・チャンス
⑦
次年度は支出拡大
Y1
Y2
⑧
リピートがカギ
Ⓛ
Ⓡ
⑨

度になっている。このレベルなら、消して書き換えることも簡単だし、さらには一部あるいは全体を削除することにも抵抗感はなくなる。

一度でストーリーがまとまるということは、ほとんどない。たいていは何度か組み替えたりすることになる。

プレゼンの流れを決めるのに何時間もかける人もいる。あれこれ入れ替えをしながら、流れを良くしていくという作業だ。

考えるべき構成

プレゼンの組み立てには様々なやり方がある。物語の語り方が一つだけでないのは、プレゼンも同じことだ。スティーブン・ピンカーは「物語の語り方と同じように素材の並べ方も数多くある」と言っている。[*13] プレゼンの構成は提案の内容と提示するデータ、誰が相手なのかによって変わる。

一般的に、プレゼンは数パターンの構成のうちの一つになることが多い。したがって、プレゼンの準備に入る前にそのパターンについて考え、流れを決めていくようにするといい。

時系列

最もシンプルな構成は時系列的に考えることだ。一つの展開から次の展開へと順を踏んで話を進めていき、最終的に結論や提案に行き着く。

たとえば、次のような流れになる。

●2015年に新しいドリルオイル（切削油）を発売した。
●目標は、魅力的な製品カテゴリーに進出して利益を少しずつ増やしていくことだ。
●マーケティングにかなりの予算を投じて発売を支えた。
●15年と16年の業績は予想を上回った。
●この実績をふまえて製品ラインを拡大し、17年に2つの新商品を投入した。
●その2つも好評で、事業は18年も成長を続けた。
●成長を高めるために、さらに2商品の投入を提案する。

あなたは、この構成でストーリーを展開させ、それぞれ起きたこととその理由について、一つずつ順に説明していく。

この形式の利点は、聞く側が話を追いやすいこと、つまりわかりやすいことだ。いくらかドラマ性もあるので、聞く側はストーリーの流れに引き込まれる。

この時系列的な構成の難点は、話が細かくなってしまいやすいことだ。事業の紆余曲折をすべて盛り込もうとする気持ちが裏目に出る。その大部分は必要のない情報であるはずだ。余分な情報を切り捨てる自制心が求められる。

メリットとデメリット

私たちは何かにつけて言い争いをする。これは人間のコミュニケーションの基本形の一つだ。このような言い合いでは2つの主張がぶつかり合う。一方の人は問題について一つの論を立て、もう一方の人は同じ問題について別の論を立てる。

これはプレゼンでも有効な構成になる。まず議論のテーマを設定し、2つの主張を掘り下げていき、その上で最終的に自分の結論に到達する。

たとえば、こんな具合だ。

- 今日は2つの新製品の投入について考えてみたい。
- 投入すべき理由はいくつかある。

・ニーズが満たされていないセグメントに対応できる。
・新製品の投入で熱気を生み出せる。
・財務的にも成算がある。

●同時に懸念材料、新製品投入は見送るべき理由もある。
・製品の開発には研究開発の予算や人員が必要になる。
・競合他社が攻撃的に立ち向かってくる可能性がある。
・販売部門にとって状況が複雑になる。

●総合的に見て、新製品投入は妥当であると考えられる。

この形式の強みは、シンプルで焦点が絞られることだ。考えられる結果が2通り、あるいは3通りである場合には特に有効になる。それ以上の道筋が考えられる不透明な状況では、このやり方は通用しない。

難点としては、深く考える必要があることだ。反対意見のほうの論をうまく立てすぎると、聞く側がそちらに引き込まれてしまうことになりかねない。つまり、同意が得られずに、意見対立を招いてしまう恐れがあるということだ。このような理由もあって、この形式を嫌う人もいる。いずれにせよ、慎重に用いる必要があるということだ。

問題点と解決策

この構成では、まず問題点を提示してから解決策を示す。バーバラ・ミントは著書『考える技術・書く技術——説得力を高めるピラミッド原則』(ダイヤモンド社)の中で、これと同じことを「状況—複雑化—解決」と呼んでいる。まず中立的な説明から始め、問題点または潜在的問題を浮き上がらせ、それから対処法を論じるという方法だ。[*14] この構成の利点は、すぐにポイントに切り込めることだ。それが切迫感を生み出す。問題点を強く提示できれば、なおさらそうなる。

たとえば、このようになる。

●ドリルオイル事業は順調である(状況)。

●先行きに大きな課題が待ち受けている(複雑化)。

・製品カテゴリーとして頭打ち状態となる。

・市場シェアが横ばいになっている。

・その結果、成長が鈍っている。
・この傾向がすぐに変わる可能性は薄い。
●この問題に対処するために、2つの新製品の投入を提案する（解決策）。
・新製品で市場の隙間に対応できる。
・販売部門に活気をもたらせる。
・成長上の課題に対処できる。

この「問題点―解決策」という構成は、おそらく最も直接的なプレゼン方式だろう。まず問題点またはチャンスを浮き彫りにしてから、その解決策を提示する。行動を促す強い訴えになりうる。状況がかなり深刻であれば、聞く側は何か手を打たなければという気になるからだ。

始まりと終わりに注意する

私は以前から、プレゼンは飛行機で飛ぶことに少し似ていると思っている。

基本的に飛行は3段階からなる。離陸、飛行、着陸だ。最も危険なのは離陸と着陸で、飛行機が地上に近すぎる位置にあることが理由の一つだ。高度1万メートルを飛行中に小さな乱気流に巻き込まれても、大きな問題にはならない。上下に揺れながらも飛び続けることになる。大きな危険をもたらすのは最悪レベルの乱気流だけだ。ところが、離陸時の乱気流はもっと大きな問題になる。15メートルの急降下でも、地上10メートルの高さで起これば大事故になりかねない。

この理由から、パイロットは離着陸に特段の注意を払わなければならない。滑走路を走り始めたときに、パイロットがフライトアテンダントにコーヒーを頼みに操縦室から出てきたり、着陸態勢を取ろうとするときにパイロットがフライトアテンダントとしゃべったりすることはない。しかし、飛行中は大きく状況が異なる。パイロットも機内を回ったり、飲食したりする。週末の過ごし方について話したりもしていることだろう。

プレゼンも同じ3つの部分からなる。離陸、飛行、着陸だ。離陸はプレゼンの最初の数分間、つまり滑り出しの時間だ。そして飛行がプレゼンの時間の大部分を占める。着陸は締めくくりだ。

空の旅と同様、プレゼンも離着陸が最も重要で危険な部分だ。出だしは本当に大事だ。ここで全体のトーンが決まる。何よりも重要なのは、出だしがあなた自身の気持ちにとても大きな影響を与えうることだ。

うまくスタートを切れれば、自信をもって落ち着いて話を進めていける。これで前進に弾みがつく。聞く側もリラックスすることになる。逆に出だしでつまずくと、一気に悪循環に陥ることになりかねない。動揺して、あたふたしてしまう。最悪の場合、聞く側がプレゼン全体に疑いの目を向け、あなたの言うことすべてを受け入れようとしなくなってしまう。

プレゼンの構成を考えるときに、このような点をふまえることが大事だ。最初の部分は、わかりやすい内容にする。議論を呼ぶ内容や複雑な分析を示すべきではない。聞く側が理解して同意する事柄を示すべきだ。以前の会議で意見がまとまったことをおさらいしたり、聞く人たちが意識している事業の現況を示すなど、共通認識のある事柄から始めるのがいい。なじみのあるわかりやすい事柄から始めることで、聞く側をうなずかせながらプレゼンに入っていける。これが正しい考え方だ。そうして勢いをつけて高度を上げてから、もっと複雑で難しい内容に入っていく。その上で厄介な問題点について触れるようにする。

締めくくりも重要だ。どんなに良いプレゼンでも終わり方が悪ければ、すべてが台無しになってしまう。最後に示す2、3ページのスライドは簡単な内容にする。複雑な提案を最後の最後に示すべきではない。それではプレゼン全体がぶち壊しになりかねない。怒りを買うことにもなるかもしれない。最後まで伏せておこうとしていたと受け取られかねないからだ。締めくくりは論点を確認し、次のステップへの道筋をつけるようにする必要がある。

見直しと手直しで引き締める

論理的なストーリーをまとめ上げるのは大仕事だ。しっかりした流れを作り上げるには、何度も流れをたどって確認を重ねる必要がある。ビジネス・リーダーシップのコーチ、スティーバー・ロビンズは、まず大ざっぱな構成から始めることを勧めている。

「とにかく前へ進めていく。もちろん文章がうまくつながらなかったり、スペルを間違えたりもして、粗い論理になるだろう。それでいい。それから手直しをしていく」

このようにしてプレゼン全体をまとめ上げていくわけだ。

「最初から始めて、最後まで行き、それを解体する。つぎはぎや書き直しをする。縮めたり膨らませたり、言葉に磨きをかけていく[*15]」

経験豊富な経営幹部は、見直しと手直しの必要性を知っている。クラフト・フーズやナビスコ、ジレットなどのCEOを歴任したジェームズ・キルツは、重要なプレゼンの準備には50回も60回も手直しを加えていた。ゼネラル・エレクトリック（GE）のジャック・ウェルチ元CEOは、ストーリーをまとめ上げるという難しい作業が好きだった。

「アナリストとの会合があるたびに、財務・IR（投資家向け広報）チームと何時間も話し合い、図表のアイデアを考えてはつぶしながら練り上げていった[*16]」

プレゼンの流れについて考える際には、次のような点を自問してみるべきだ。

このページは必要か

これにはシンプルな法則がある。プレゼンに不要なページは切り捨てる、ということだ。すべてのページが全体のストーリーにつながる働きをしなければならない。

一般論として、長めのプレゼンよりも短めのプレゼンのほうが望ましいので、絶対に必要なもの以外はすべて切り落とす。重要なポイントを示さないページは含めない。議論に重要な意味をもたない情報は削ぎ落とす。聞く側の時間を無駄にすることは避けたい。

広告代理店の経営幹部ボブ・リハクが言っているように、「読む側の時間を大事に考えれば、より関心をもって読んでもらえるかもしれない」のだ。「わかりやすくなるまで自分の論点を煮詰め続け、一語も無駄にしないようにすることだ[*17]」

といっても、極端に解釈しないでほしい。情報を明確かつ論理的に伝えるには、相応のページ数が必要だ。少しページを多めにしたほうがいい場合もある。複雑な分析について説明する際には、一つひとつの部分ごとに話を進めていくほうがいいだろう。

ページ数については柔軟かつ慎重に考えよう。一定のページ数に制限することは、まったく意味をなさない。

ページに中身を詰め込みすぎていないか

プレゼンで最もよくある問題の一つが「詰め込みすぎ」だ。1ページに棒グラフと要点の箇条書き、2×2のマトリクスなどというのは、うまくいかない。何が重要なのか。見る側は、どこに注目すればいいのか。

プレゼンの各ページは、それぞれ1つの要点を示すようにするべきだ。つまり、データや図表によって1つの要点を示すのだ。1ページに2つ以上の要点が入っていたら、1ページずつに分けるべきだ。

ページ数が増えても論理的な流れがはっきりすれば、少ないページに詰め込むよりもいい。明確でシンプルな20ページのプレゼンは、ごちゃごちゃしてストーリーも流れもない4ページのプレゼンよりはるかにいい。

特定の1ページにいくつかの事柄を盛り込むことはできる。折れ線グラフと3つの箇条書きを並べること自体には何の問題もない。要は、それを組み合わせることが効果を生むのかどうかだ。同じページに情報を並べるのは、それなりの理由がなければならない。

次のページにつながっているか

優れたプレゼンでは、各ページが自然な流れでつながっていく。つまり全体の論理的な流れで、物語を聞かせるのと同じだ。たとえば人と話をする場合、「楽しい週末だった」と話し始めたら、次は「映画を観に行ってね」と続き、「『ワンダーウーマン』を観たんだ」というようになるだろう。それと同じことだ。

プレゼンも流れが大事であることは変わらない。「売り上げは昨年18％アップしました」という話から始まったら、次はその要因を示すページになるだろう。前年の新製品開発の取り組みについて説明するページの次には、その成果について見るページが続くだろう。

流れを確かめる一つの方法は、そのページを見た後に相手は何を考えるだろうかと想像してみることだ。たとえば「金利の上昇が懸念材料です」と言った場合、その理由やどこまで上がるのかと考えるのが論理的な反応というものだろう。

結論に向かって進んでいるか

最終的に、あなたは自分の提案を示し、その根拠を説明する必要がある。興味を引くポイントを並べて聞く側の関心を引きつけることができても、提案に行き着けなければ成功とは言えない。

したがって、プレゼンの流れについて考える際には、正しい方向に進んでいることを確かめる必要がある。つまり、自然な流れで提案までたどり着けるかどうかだ。

一番いいのは、完全に自然な流れで提案に到達することだ。つまり、それが明白な答えであるように思える状態だ。聞いている側は「もちろんだ！ これ以外には考えられない」と思うことになる。

各ページが「MECE」になっているか

プレゼンの構成をまとめる際には「ＭＥＣＥ」がカギになる。コンサルティング会社が提案のまとめ上げについてよく使う言葉で、「相互に重複がなく（mutually exclusive）、全体に漏れがない（collectively exhaustive）」という意味だ。

「相互に重複がない」とは、すべてのポイントが相異なっているということだ。同じことを繰り返すべきではない。たとえば「ターゲットの中心は郊外のサッカーママです」と言った後に、「サッカーママは重要なターゲットです」と言うべきではない。これはただの繰り返しで、プレゼンを必要以上に長く複雑にしてしまう。

「全体に漏れがない」も重要だ。つまり完全なプレゼンでなければならない。すべての重要なポイントに触れる必要がある。重要な問題点があれば、それも取り上げなければならない。

時間をかける

この段階での作業はフラストレーションにつながりうる。時間がかかり、はかどっていないように感じられるからだ。まだページの作成やグラフの仕上げに取りかかっていない。「5時間もかけたのに1ページもできていない。あるのはポストイットのメモの束だけだ」と思うかもしれない。

しかし、気落ちするのは禁物だ。強力なストーリーをまとめ上げるには時間がかかるが、これは後で何倍もの見返りをもたらす投資になる。プレゼンの流れができ上がれば、もう成功は確実なのだ。

8 シンプルなページを作る

プレゼンテーションの全体的な構成が決まれば、スライドのページ作成の作業に入れる。言葉を紙の上に移す段階だ。見出しを決め、図や表を加える。

先走らないこと

この段階になると前に進み始めたという実感が得られるので、この作業が好きだという人は多い。実際にページの姿形が現れてくる。つまり有形の成果だ。すぐにこの段階に入りたいという気持ちになる。ページ作りは、重要な仕事をしているという充実感をもたらす。パワーポイントで15ページを完成させれば、もう順調に進んでいるという気持ちになる。

しかし、待ってほしい。プレゼン全体の流れが決まるまで、ページ作りには取りかかれない。各ページは次から次へとつながっていかなければならない。それぞれのページはパズルのピースのようなものだ。全体的な流れに沿わなければ効果的なページは作れない。前のページと次のページが決まっていなければならないのだ。

強力な見出しを考える

ページの中で最も重要な要素は見出しだ。見出しで最大の要点を示す。簡潔かつ明確に。見出しをうまく決められれば、ページ全体もうまく作れるだろう。

全体のストーリーをまとめた時点で、おそらく見出しの案は頭に浮かんでいるはずだ。ストーリーボードを作り、ストーリーの第1稿はでき上がっている。そして今、ページの構成に入る段階で、もう一度、見つめ直してみるべきだ。言葉遣いは正しいか。表現力はどうか。ほとんどの場合、前の段階で思い浮かんだのは素案でしかない。それを効果的な見出しに仕上げるのだ。

見出しについても、次のページとのつながりを考えなければならない。チェックする一つの方法は、見出しだけをすべて並べて読んでみることだ。それで自然なストーリーが浮かび上がるのが理想的だ。つまり、見出しだけでプレゼンの内容をつかめるということだ。

見出しは文にする

見出しは結論や最大の要点を示す。単にページの内容を伝えるものではない。主語と述語のある一つの文で、要点を示すようにするべきだ。ただデータを示すのではなく、ストーリーを伝えるのだということを忘れてはいけない。

たとえば、次のような見出しは、ほとんど意味をなさない。

- 地区別売上高
- 顧客セグメント
- 収益動向
- ネット・プロモーター・スコア
- ステージゲート・プロセスの最新データ
- 四半期業績

どれも内容としては良くても、効果的な見出しにはならない。「地区別売上高」という見出しを見ても、何もわからない。正しい数字が出ているのだろうが、なぜそれが重要なのか。このページのポイントは何なのか。「地区別売上高」で何がわかるのか。

「地区別売上高」のような見出しは、ただデータを並べただけであることを意味する。それでは時間の無駄になるだけだろう。そもそもプレゼンをする必要があるのか。図表をプリントアウトして配布するか、スプレッドシートで送ればいい。

データの提示は、ほとんど価値を生み出さない。そればかりか、人によって異なる解釈をされてしまうかもしれない。そうなると問題だ。プレゼンの目的は提案を売り込むことだ。状況の捉え方を示して、結論へと話を進めていかなければならない。

優れたプレゼンには統合と分析が伴う。単にデータや情報を示すのではなく、その意味を探り、それに基づいて説得力のある論を立てる。世の中は情報であふれている。さらに情報を与えるだけのプレゼンなど、誰も必要としない。

見出しで要点を示す。上述した例は次のように書き換えることができる。

悪い例：「地区別売上高」
修正後：「事業のカギを握る西地区」

悪い例：「顧客セグメント」
修正後：「『熱い顧客』がメインターゲット」
悪い例：「収益動向」
修正後：「昨年の利益率は大幅に向上」
悪い例：「ネット・プロモーター・スコア」
修正後：「ネット・プロモーター・スコアは上昇中」

主語と述語、そして動きのある文を見出しにすることで、そのページのポイントを示せる。

見出しは2文まで

長い見出しは避ける。1つか2つの文にまとめ、読みやすく、わかりやすくするのがベストだ。
長い見出しは効果的ではない。たとえば、3つの文になるともう長すぎる。理由の一つとして、まず読みにくくなる。さらに重要な点として、3文の見出しは要点をまとめきれていないことを意味する。もっと突き詰める必要があるということだ。

長すぎる見出しになったら、書き換えて簡潔にしていく。文字を小さくしたり書体を変えたりしても、解決策にはならない。そうした体裁は各ページ共通であるべきだ。あくまでも内容を詰めなければならない。

長い見出しは、そのページに内容を詰め込みすぎていることの表れかもしれない。2ページに分けることが解決策になりうる。たとえば「4地区中3地区で売上減。東地区は流通の改善と販促活動で売上増」という見出しであれば、「4地区中3地区で売上減。東地区は売上増」と「東地区は流通の改善と販促活動で増収」の2つに分けることができる。

並列の構成を保つ

各ページの見出しは共通の構成にするべきだ。すべての見出しが短い1文というのがベストだ。

この並列の構成によって、プレゼン全体の効果が高まる。洗練されたプロフェッショナルな印象を与える。並列の構成になっている見出しの一例を挙げよう。どれも1文だ。

●売り上げはこの1年で大きく減少

●売上減は購買率の低下が原因
●購買率が下がっても浸透率は安定
●購買率の低下は購入個数の減少につながる

それぞれの構文が違っていると、プレゼンの流れが途切れたような印象を与える。並列の構成になっていないプレゼンは磨き上げが足りない。たとえば、次のような見出しは不ぞろいで、一貫したフォーマットになっていない。

●各年の売上高
●購買率の低下により販売が減少
●深まる顧客への浸透
●地区別売上高
●購買率の低下は購入個数の減少につながる

こんな具合では、十分に練り上げられていないプレゼンという印象を与えてしまう。

つなぎの言葉を挟む

プレゼンのページとページの間に「つなぎ」の言葉を入れると効果的だ。「その結果として」「その一方で」「さらに加えて」というような言葉によって、流れを強めることができる。見出しだけでストーリーがわかるようにするというポイントを思い出してほしい。

流れのいい見出しとは、たとえば――

●昨年、売上高は8％増加
●しかしながら利益は9％減少
●最大の問題は利益率の低下
●利益率の低下は生産コストの上昇と……
●……人件費の急上昇が原因
●したがって、コストの圧縮が優先課題

この例では、それぞれの見出しが役割を果たしている。前のポイントと次のポイントの間につながりがある。『デジタル時代のビジネス文書』の著者ナタリー・カナバーがこう言っている。

「『つなぎ』がいいと、全体が一つにまとまり、主張の論理が強くなる」[*1]

受動態は避ける

受動態（受け身）の構文にはしないこと。これはプレゼン全体に関して言えることだが、特に見出しの付け方で重要なポイントになる。

「動詞の目的語」を主語にすると受動態になってしまう。たとえば、こんな具合だ。

能動態：当社はシェービングクリームの新ブランドを立ち上げた。
受動態：シェービングクリームの新ブランドが立ち上げられた。

能動態：利益を22％高めた。
受動態：利益は22％高められた。

能動態：最大のライバルが新たな広告キャンペーンを開始した。
受動態：新たな広告キャンペーンが開始された。

常に受動態は避け、能動態にしたほうがいい。受動態の文には3つの問題点がある。まず、力がなくなる。平板な印象になり、熱さが伝わらない。「価格戦略の転換がなされた」と書いても関心は引けない。「当社は価格戦略を転換した」と書くほうがはるかにいい。

第二に、受動態の文は不明瞭になる。行動の主体がはっきりしない。誰が「新たな広告キャンペーン」を開始したのか。「価格」を変えたのは誰なのか。独りでにそうなったのか。主体を含めるほうがずっといい。

そして第三に、受動態の文は責任逃れになる。「シェービングクリームの新ブランドが立ち上げられた」と書いた場合、あなたはその行動から距離を置いている。当事者として責任を負っていない。

経営陣は部下に当事者としての責任意識を求める。受動態の文ではインパクトをもたらせない。南コロラド大学の教授（言語・リーダーシップ論）で数冊の著書もあるジェームズ・ヒュームズがこう書いている。

「受動態は『自己保身』タイプの人たちのものだ。受動態はリーダーの言葉ではない。受動態は責任を逃れようとする役人の言葉だ[*2]」

私が教えているMBAコースの学生たちも受動態の文を書くことが多い。かしこまった感じがすると思っているのだろう。そうならないように、この点に特に注意を払うようにしてほしい――受動態は可能な限り使わない。ヒュームズはこう言っている。

「一部の企業経営者は受動態を好む。複雑そうに聞こえるので貫禄がつくと思っているからだ。それは間違いだ」[*3]

人称代名詞を使うことに問題はない。フィナンシャル・タイムズ紙のサム・リースがこう言っている。

「人を主語にしないことで格や重みがつくのではない。『私』『我々』『あなた』と言うことで、直截で個人的なつながりが生まれる」[*4]

裏付けになるポイントを付け加える

見出しが決まったら、その裏付けになるポイントを付け加える。見出しの内容を支え、そのページの信頼性と訴求力を高める情報だ。このプロセスについて、ＴＥＤカンファレンスのクリス・アンダーソンがこう説明している。

「それぞれのポイントを実際の事例やエピソード、事実で肉付けする」[*5]

裏付けには図表やイラスト、箇条書き、写真などが使える。様々な材料を使うことが可能だ。ほとんどの場合、スライドのページの内容はもうあなたの頭の中にある。すでにストーリーボードの段階で大まかに図や表を書いたり、いくつかポイントを列挙してあるかもしれない。

注意深く考えて強力な論理的根拠を示そう。たとえば「マーケティング費用は８％減らせる」という見出しだったら、その根拠となる強いデータを示すべきだ。

裏付け材料のない論点はプレゼンの危険箇所になる。疑問をぶつけられ、論破されることになりかねない。自分の主張を裏付ける分析が必要だ。見出しの裏付けになる材料を完全に提示できない場合には、表現を変える必要があるかもしれない。

一般論として、説明的な文は主張的な文よりも論争につながりにくく、裏付けも少なくてすむ。「西地区が売上高の大半を占める」というのは裏付けを示しやすいが、「西地区に的を絞るべき」だと難しくなる。これは提案だからだ。

すべての見出しのなかで一つだけ、特に強い裏付けが必要になる場合もある。グラフをいくつも示し、要点の箇条書きも数を多くする必要があるかもしれない。となると問題が生じる。各ページに盛り込める情報の量には限りがあるからだ。論理的な根拠を明確に、すっきりとした形で示さなければならない。場合によっては、プレゼン全体の流れを考え直すことも必要になる。そのページを２ページか３ページに分割するような形になるだろう。

たとえば「広告宣伝のターゲットを南地区の都心のホワイトカラー層に合わせる必要がある」という見出しにすると、裏付けが難しくなりそうだ。「南地区」「都心のホワイトカラー層」という２つのターゲットが入っているからだ。これは２ページに分け、まず１ページ目で「都心のホワイトカラー層」に的を絞るべき根拠を示し、次のページで「南地区」の重要性について論じるべきだ。

「弱いページ」の問題を解決するもう一つの方法は、見出しをソフトにすることだ。たとえば「暖冬で売り上げが低下」を「売上減は暖冬の影響か」と変えることができる。少し表現を変えるだけで立ち位置が変わる。断言しているのではなく関係性を示唆しているのだ。

聞く側はあなたの味方ではない、ということを忘れないように。聞く人たちも、あなたと同じように様々な問題や課題を抱えているはずだ。多くの場合、プレゼンは上司や、そのまた上司が相手になる。あなたは強い内容を期待されているので、手抜かりがあるとすぐに気づかれてしまう。あなたの提案を支持してもらえるという保証はない。結論に疑問をぶつけられ、論破されてしまうこともありうる。大目に見てもらえることは当て込めない。

強力な裏付けは極めて重要だ。各ページに見出しの内容を支えるデータを盛り込む。見出しの根拠について、自問しなければならない。裏付け材料の提示については、次のような点がポイントになる。

列挙は4つまで

延々と続く箇条書きほどプレゼンを台無しにするものはない。1ページに10項目や15項目も盛り込むのは禁物だ。誰も読みたがらない。絶対にだめだ。

長すぎる箇条書きには3つの問題がある。まず、プレゼンの勢いが削がれてしまう。箇条書きの項目が多いと、それだけ説明に時間がかかり、聞く側は飽きやすくなってしまう。プレゼンの流れが途切れてしまうのだ。

第二に、重要なポイントが埋没してしまいかねない。1つの結論に12項目の裏付け材料があるとしたら、それぞれの重要度に差があるはずだ。つまり、本当に重要なポイントが他の項目の中に埋もれてしまうことになりやすい。

第三に、数が多すぎると聞く側の頭に残らない。つまり、列挙するほど覚えられにくくなるということだ。この事実は、巨大製薬会社のイーライリリーが医薬品の広告宣伝について行った調査で浮き彫りにされている。

調査対象者に3通りの広告見本を示し、記憶度を確かめるという内容で、薬の副作用について1つめは4種類、2つめは8種類、3つめは12種類の内容が記載されていた。その結果は目を見張るものだった。広告に副作用が多く記載されているほど、覚えている人が少なくなっていたのだ。4種類の副作用を示した広告で記憶されていたのは平均1・04項目だった。それが12種類の副作用を示した広告では、わずか0・85項目にとどまった。項目が増えれば増えるほど忘れ去られてしまうのだ。[*6]

箇条書きの適正な数は3つか4つだ。絶対に10項目も列挙しないことだ。こう肝に銘じてほしい。「1ページに10項目も盛り込まないと誓います」。これを3回、口に出して言ってほしい。

箇条書きは2項目以上に

箇条書きの項目が多すぎるのと同じく、少なすぎるのもまた問題だ。理由は単純、箇条書きは「リスト」を示す方法であるからだ。1項目ではリストにならない。2項目でも薄弱な印象を与えてしまう。「2つだけ?」「本当に?」というように。

1項目だけであるのなら、そもそも箇条書きの形にする必要はない。それは見出しにするべきだろう。同様に2項目だけの場合も、それぞれを見出しにして2ページに分けるべきだろう。

ビジュアルに変化をつける

プレゼンに相手の関心を引き続けるための一つの方法は、データの示し方に変化をつけることだ。

箇条書きは有効だが、どのページもそれでは単調で飽きられてしまう。「またか。これで

4ページ目だ」というように思われてしまうのだ。どのページも棒グラフや円グラフというのも同様だ。平板で熱さが感じられなくなる。

ビジュアルな表現に変化をつければ、関心を引き続けられる。棒グラフのページに箇条書きのページ、次は折れ線グラフ、そして散布図というように。

大事なのは注目してもらうことだ。プレゼンには必ず理由があり、あなたには成し遂げるべき仕事がある。新製品の投入計画を認めてもらいたいのに、相手が居眠りをしてしまうようでは大問題だ。相手の関心を引き続けられるように工夫を凝らす必要がある。

平易な言葉を使う

難しい言葉を使うほうが頭が良さそうで信頼が得られる、と思っている人は少なくない。知的な人間であると思われて、提案の説得力が高まる——。

しかし実際には、難しい言葉は逆効果になる。つまり、頭が良くなくて信頼できない人間だと思われてしまう。賢くないことを隠すために難しい言葉を使っているのだ、と思われかねない（平易な言葉の力については18章で詳述する）。

不必要な情報は削る

本当に必要ではない情報は削ること。プレゼンで挙げるデータや分析、事実には必ず提示すべき理由がなければならない。広告代理店を率いるボブ・リハクがこう言っている。「語数が少ないほど多くの人に読んでもらえる。気を散らせないようにするほど、インパクトは大きくなる。簡潔さは明確さにつながる。明確さは理解を高める」[*7]

プレゼンから情報を削ぎ落とすことにかけて、スティーブ・ジョブズは伝説的な存在だった。カーマイン・ガロが著書『スティーブ・ジョブズ　驚異のプレゼン』（日経ＢＰ）にこう書いている。

「ほとんどの人はプレゼンのスライドに言葉をできるだけ盛り込もうとするが、ジョブズは省いて省いて、また省く」[*8]

歴史上最も名高い「プレゼン」の一つであるゲティスバーグ演説は、削ぎ落とすことの力をまざまざと示している。リンカーン大統領がこの演説で言ったことは広く知られているが、際立っているのは「言わなかったこと」だ。

リンカーンはゲティスバーグの戦いには詳しく触れなかった。負傷者の数や戦いの長さ、戦闘の規模などだ。将兵についても特定の個人の名は挙げなかった。戦いの背景となった事件などにも触れなかった。つまり、必要のない情報をすべて省いたからこそ、重要なメッセ

図表8-1

2017年も好業績で増収増益を記録

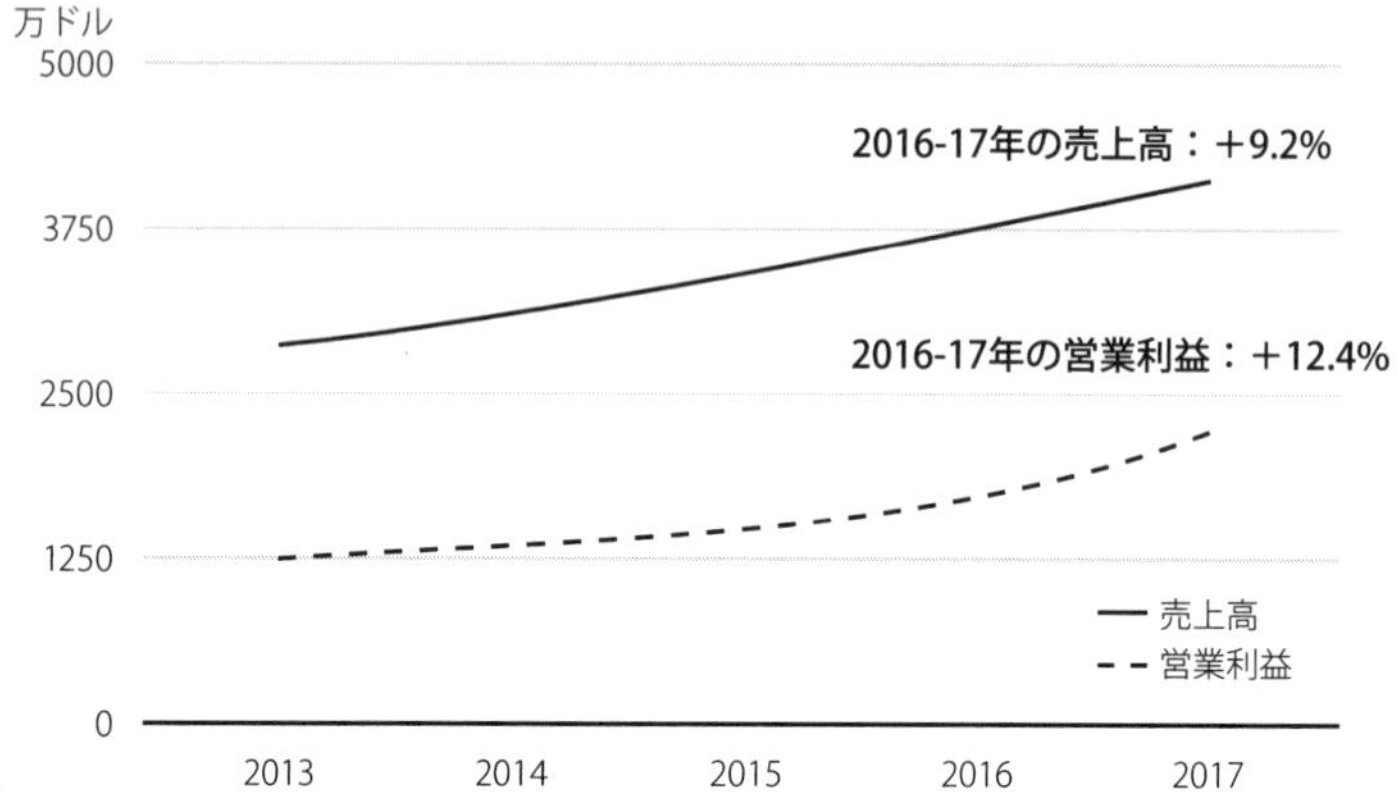

ージを伝えることができたのだ。

プレゼンのスライドの各ページも、見出しを裏付ける必要最小限の情報に絞り込む。数字がいっぱいに詰まったページは逆効果になる。聞く側は戸惑って気が散ってしまう。主張の裏付け材料になるシンプルな図や表、箇条書きをまとめ上げるべきだ。図表8―1は明確で効果的なページの一例だ。

プロップの利用を考える

要点を示すのにプロップ（小道具）を使うのがベストとなる場合もある。よく知られている一例として、スティーブ・ジョブズはアップルの2008年ワールドワイドデベロッパカンファレンスで、マッキントッシュ、音楽、iPhoneという3つの事業を示すのに3脚のスツールを使った。

プロップは聞く側の注意を引き、記憶に残るプレゼンにつながりうる。スツールを持ち上げれば人々は注目する。なぜスツールを持ち上げたのか。見出しとその根拠をまとめたスライドから目先が変わる。コンサルティング会社TAIグループのギフォード・ブースCEO（最高経営責任者）がこう言っている。

「五感を関わらせること、つまり色や音、香り、味、手触りについて話すことで、聞く側は想像力をかき立てられる。数字やデータが記憶に残るのはまれであるのに対し、五感に関わる言葉は相手の内面に忘れがたい経験を生み出す[*10]」

プロップは概念に息吹きを与えることにも役立つ。生産性の専門家で『7つの習慣　人格主義の回復』（キングベアー出版）の著者であるスティーブン・コヴィーは、大きな優先課題に的を絞ることの重要さを石と砂を使って劇的に示してみせた。

単に「大きな優先課題に的を絞るべきだ」と言っても、単純で平凡に思われてしまう。それが石と砂を持ち出すことで、概念に息吹きが与えられた。魔法のようだった。まだ見ていないという人は、「Covey and rocks」でグーグル検索して動画を見てほしい。

ただし、プロップの使用は慎重に判断する必要がある。使いすぎるとサーカスのようなプレゼンになってしまう。プレゼンの相手についてよく考え、何がベストかを見極める。生真面目なCEOにパペット人形とロリポップ（棒付きキャンデー）は通用しにくいだろう。

メッセージが陰に隠れてしまうことにならないように注意しよう。目標は「最優秀演出賞」ではなく提案を売り込むことなのだ。ジェフリー・ジェームズが著書『戯言なしのビジネス』にこう書いている。

「相手に覚えてもらいたいのは、特殊効果を何回使ったのかではなく自分のメッセージだ[*11]」

ページの磨き上げ

見出しと裏付けに使う材料が決まったら、ページにして磨きをかける必要がある。この段階でプレゼン全体のまとまり、一体感を生み出す。「シンプルに。記憶に残るように。見たいと思わせるように。面白く読ませるように」と、広告業界の伝説的存在であるレオ・バーネットがアドバイスしている。[*12]

完成度の高いプレゼンと粗雑なプレゼンの違いは大きい。磨き上げられたプレゼンは滑らかな流れで印象を残し、効果を生む。粗雑なプレゼンは見た目どおり、磨きが足りないということだ。「プレゼンがプロフェッショナルな印象を残せば、組織全体がプロフェッショナルな印象になる」と、ボブ・リハクが言っている。[*13]

スティーブ・ジョブズは洗練されたプレゼンの力を知っていた。カーマイン・ガロによると、ジョブズは「どこまでも磨き上げることに集中し、すべてのスライドやデモ、プレゼンのあらゆる部分に力を注いだ[*14]」

動画表現とグラフィックデザイン

一定の動画表現もプレゼンに役立ちうる。リストが画面に飛び込んでくるような視覚効果を利用することで、リストの単調さを打ち消せる。ビデオ映像でポイントを強調することもできる。

ただし、度を越さないようにすること。目標はプロフェッショナルな完成度を示すことで、ゲームのような見せ方をすることではない。すごい「特殊効果」も多すぎると逆効果になり、内容の薄さをごまかそうとしているのではないかと思われることにもなりかねない。また、時と場合に応じた効果という点で、「特殊効果」には見込み違いというリスクが伴う。

ページのグラフィックデザインに関しては、色調に気を配る必要がある。たとえば、販売スタッフ数百人の削減という話をするときには、明るい色調やユーモラスなグラフィックは不適切だ。大がかりなイノベーションがテーマであれば、地味なグラフィックデザインはそぐわない。社内イベントに関するプレゼンと、グローバルなサプライチェーン（供給網）の再編に関するプレゼンとでは、見た目や印象が大きく異なるべきであるはずだ。

カギはバランスにある。黒い文字のページは強い関心を引かない。平板に見えてしまうからだ。一方､アニメーションを使ったページは関心を引くが､行きすぎになってしまう場合も多い。1文字ずつ色を変えれば華やかで目を引くが、幼稚な印象を与えて興ざめになる。

文字と文法

誤字・脱字や文法上の間違いがないか、確認することが大事だ。文法的に正しい文章になっているかどうかは、信頼性に関わる問題だ。内容的には強力なプレゼンでも、スライドの文章が文法的に間違いだらけでは、信頼性が大きく損なわれてしまう。フィナンシャル・タイムズ紙のサム・リースがこう言っている。

「句読点の使い方や文字のつづりが間違っていたり、文法的な乱れがあると、読む側は軽く見られていると思うことになる」[*15]

逆に、このような点がきちんとできていれば信頼性が高まる。スティーブン・ピンカーの言葉を借りよう。

「文章がきちんと正しく構成されていれば、目立ちにくいところにも気を配っているという人柄が伝わる」[*16]

専門の業者にチェックしてもらうという方法もある。少額の料金を支払うだけで間違いをなくすことができる。

フォーマット

プレゼンの準備で一番退屈な仕事は、フォーマットを整えることかもしれない。文字の書体や大きさをそろえるのは創造的なプロセスではなく、決まりきった作業だ。

しかし、フォーマットは重要だ。ささいなことがプレゼン全体に驚くほど大きな影響を及ぼすこともあるからだ。全体を1つの書体で統一する人もあれば、いくつもの書体を使い分ける人もいる。私の同僚には、書体は「アリエル」と決めている人や「カリブリ」しか使わないという人もいる。文字の大きさは16ポイントが適正だと言う人がいる一方で、他にも様々な意見がある。

プレゼンのフォーマットでは、2つのことが重要になる。まず「統一感」だ。一般論として、プレゼンのページ全体に基本的な統一感があるべきだ。書体は1つにして、見出しと文章の文字はそれぞれ同じ大きさでそろえる。書体も大きさもまちまちで各ページに統一感がないと、きちんと準備されていないプレゼンという印象を与えてしまう。

特定の部分を目立たせるためにフォーマットから外れる、という方法はある。ただし、あくまでも一定の範囲内でのことだ。フォーマットを崩す場合には、それなりの明確な理由がなければならない。

もう一つは「読みやすさ」だ。結局のところ、相手に文字を読んでもらわなければならないのだから、読みやすい書体を選ぶべきだ。装飾性の強い書体は避けるようにする。

こんな書体は避けること。

こんな書体は使わないこと。

こんな書体は絶対に避けること。

小さな文字も避けるべきだ。読みにくいのだから。

仕上げの2つのポイント

ページを仕上げる際には、次の2つのことを考えるべきだ。まず、プレゼンの相手について考える。「特殊効果」が好きな相手であれば、それを付け加える。そうでなければシンプルにいく。私のかつての上司の一人はスライドのアニメーション効果が嫌いで、最初からページ全体を見たがった。この上司にプレゼンするときは当然、アニメーションにはせずにページ全体を表示した。

上司の好みがわからない場合には、その人自身のプレゼンを見てみるといい。フォーマットや構成について、その人のやり方を真似るようにすればいいのだ。

もう一つは、自分自身の「ブランド」について考えることだ。今の自分のブランドが意味するものは？　自分のブランドにとって、どのような形のプレゼンであるべきなのか。プレゼンは自分の目標を反映するものであるべきだ。

自分のブランドが分析力や戦略的思考を強みにしているのであれば、基本的にその線に沿ったプレゼンにするべきだ。図表を多めにして、アニメーション効果は避けるようにする。フォーマットの統一感を守り、笑いを誘う動画などは使わない。

創造力やイノベーション、自由な発想力を自分のブランドにしたいのなら、面白い視覚効果を狙ったり、フォーマットを崩してみたりするべきだろう。図表は少なめにして、ジョークを盛り込んでみたりする。

大事なのは一貫性だ。自分で築き上げてきたブランドを急に変えることはできない。分析力を評価されている人がジョーク連発のプレゼンをしたら、どうしたのかと思われるだろう。「ビルは大丈夫なのか」「いったい何があったのか」「ビルのインターンがこのプレゼンを準備したのか」。こんなことではうまくない。

グループでまとめる場合

自分一人で良いプレゼンを作り上げるのは大仕事だ。訴求力のあるストーリーをまとめ上げ、それを論理的に提示するのは簡単なことではない。

しかし、チームとして共同でまとめるというのもまた完全に別の形になり、何人ものメンバーが関係すると自分だけの場合よりはるかに難しくなりうる。私の経験では、グループでまとめるとひどい結果になることも少なくない。

難しいのは、集団力学の落とし穴にはまることなく、グループの力——創造性、洞察、エネルギー——を生かすことだ。つまり、それだけ深い注意を払うことが必要とされるのだ。

間違ったやり方

グループとしてプレゼンをまとめる場合の「間違ったやり方」を挙げよう。

●プレゼンの大筋を決める。
●いくつかの部分に分割する。最初の部分、次の部分、その次の部分……というように、部分ごとに1人ずつ担当を割り振る。
●各担当者に内容をまとめさせ、期日までにページを仕上げるように言う。
●それぞれのページを順番につなぎ合わせ、各セクションの間に議題ページを差し挟む。そして、頭に表紙を付ける。
●それぞれの担当に各セクションのプレゼンをさせる。

一見、理にかなったやり方のように見える。作業を分担して全員を関わらせる。最終的にうまく仕上がりそうに思える。しかし、これは失敗の方程式で、このプレゼンはうまくいかない公算が大だ。このやり方には数々の問題点がある。

第一の問題点として、一貫性に欠けるプレゼンになりやすい。たとえば、長い見出しと短い見出しが混在している。あるいは、見出しの最後に句点が付いていたりいなかったり、といったように。別々の人が作ったスライドのページを単純につなぎ合わせるだけでは、ごちゃまぜな印象を与えるプレゼンになってしまう。あなたが目指すのは、磨き上げられた滑らかなプレゼンだ。

第二の問題点として、論理に穴ができやすい。実際、このほうが重大な問題だ。プレゼンはストーリーを伝える、という点を思い出してほしい。それには論理的なつながりが必要で、各ページが一つの流れの中でつながっていかなければならない。前のページで提起された重要な問題点の解決策が次のページで示される、というような緻密さが必要だ。

別々の人がページを作成すると、このつながりを固めるのが難しくなり、全体のストーリーが弱くなってしまう。最初のセクションの要点が次のセクションにまったく関係しない、ということにもなりかねない。あるいは、最初のセクションで触れられていない問題の解決策が、次のセクションで提示されてしまうかもしれない。

第三の問題点は、詰め込みすぎになりやすいことだ。人間には、何であれ手放すことを嫌うという性質がある。つまり、誰もが強い所有欲をもっていて、そこに喪失感も絡んでくる。プレゼンでも同じことで、自分がまとめた材料を切り捨てたくないという心理が誰にも働く。たとえ全体の論旨に強く関係しなくても、せっかく作ったページはやはり使いたいと思うものだ。

プレゼンのページ作成をチームメンバーに頼めば、メンバーはあなたの指示どおりにページをまとめるだろう。しかし、それをそのままプレゼンに使えば、冗長な内容で流れが滞ってしまうことになりかねない。

こうした問題を解消するのは簡単なことではない。多くの場合、内容を削ってページを作り直すのが唯一の方法となる。このような大きな手直しをすれば、チームの雰囲気が悪くなりかねない。見出しを手直しするだけでも、書いた人は自分の努力が認められていないように思う。ページ全体を切り落とせば、険悪なムードになりかねない。

「なぜこのページを落とすのか。重要な内容なのに。このチームは、あなたの言いなりなのか。あなたは私よりもページ数が多くなっている。私たちにも、あなたのページを削らせてほしい」

このような理由から、グループによるプレゼンはとても弱いものになってしまうことがあまりにも多い。

より良い方法

多くの組織において、チームは当たり前の存在だ。あなたは単独ではなくチームの一員として仕事をしている。大事なのは、チームのまとまりを維持しながら良いプレゼンをまとめ上げることだ。

チームのメンバーを関わらせないというやり方は、うまくいかない。「このプレゼンは私一人でできる。私に任せてほしい」と言いたくなる場合もあるだろう。自分で書き、プレゼンも自分でするほうが簡単だというように。

しかし、それではうまくいかない。チームのメンバーを参加させる必要があるのだ。自分でまとめた内容をメンバーに見てもらうだけでもいい。改善すべき点を指摘してもらえるはずだ。どんなことであれ、蚊帳の外に置かれたくないというのが人間の心情で、チームのメンバーとなればなおさらだ。

チームの人たちを参加させる最善の方法は、全員でプレゼンをまとめ上げることだ。それぞれがまとめに関われば、最終的に全員が内容に肩入れするプレゼンになるだろう。自分が作成に関わったプレゼンをけなそうとする人はごく少ないはずだ。

グループによるプレゼンで最も難しいのは、メンバーを準備に関わらせる必要がある一方で、メンバーに内容のまとめ上げを主導させてはいけないという点だ。つまり微妙なバランスが求められる。

最も重要なステップは、まず最初に提案内容について合意を得ることだ。チームの足並みがそろわなければ、強力なプレゼンをまとめ上げることは困難、あるいは不可能だろう。核心をなすメッセージについて全員の考えが一致していないのにプレゼンの準備に入れば、全体が一つにまとまらないページができ上がってしまうだろう。

提案内容について完全に意見が一致しないという場合もある。意見の相違は生じうる。しかし、この問題には対処方法がある。

全員一致を要件とする裁判の陪審評決とは違い、提案内容について全員の意見が一致する必要はないという点を覚えておいてほしい。私は最近、他の11人とともに裁判の陪審員を務めた。自動車の衝突事故に脊髄損傷が絡んだ複雑な事件だった。

すべての証言を聞いた後、私たちは陪審員室に入り、全員一致の結論が出るまで部屋から出ないよう指示された。熱い議論が続いた後、11人の意見はまとまったが、あと1人が違う意見だった。私たちは議論を続けた。すると今度は10人が賛成、2人が反対という意見になった。全員一致の結論に至ったのは、さらに議論と妥協を重ねた後のことだった。

しかし、会社はそれとは違う。異なる意見をもっていいのだ。様々な背景や物の考え方をもつチームの全員が同意するというのは、むしろかなり少ないだろう。全員の意見が一致しなくても、効果的なプレゼンをまとめ上げることは可能だ。

一つの選択肢は、ストーリーを両面から提示した上で、チームとしての提案を示すことだ。もう一つの選択肢は、反対意見の比率をふまえることだ。大半のメンバーが提案を支持しているかどうか。これは多数決ということにつながるだろう。提案内容について見解がまとまったら、チームとしてストーリーをまとめ上げることになる。

集団作業でもストーリーボードは使える。ホワイトボードにストーリーの大筋を書いて示し、メンバーに意見を聞けばいい。メンバーから手直しの提案などが出てくるはずだ。それはメンバーが問題点を見極めたことを意味するので、良いことだ。少なくともメンバーの意見がプレゼンに反映されることになれば、意見のまとまりが維持されることになる。

ストーリーがはっきり浮かび上がったら、個々のページ作成に必要なデータの収集や分析をメンバーに割り振ることができる。これは効果的な分担方式となることが多い。

分析作業を割り振る場合には、ページの作成までは任せないようにする。データの収集・分析と図表の作成までにとどめておく。こうすることで、「自分のページ」という意識が引き起こすトラブルを避けやすくなる。図表だけなら、それほどの意識にはなりにくいからだ。

最終的に、誰かがプレゼンの責任者にならなければならない。見出しを書くのは1人だけであるべきだ。チームのメンバーにデータのまとめをしてもらったら、それに磨きをかける役割を1人で担う必要がある。それぞれの見出しが一つの流れでつながり、図表のフォーマットも統一され、プレゼン全体が一つにまとまるようにしなければならない。

最終的な仕上げにあたる人は、実際にプレゼンをする人と同じである必要はない。それぞれ別のステップだからだ。

内容が練り上げられていると、プレゼンはしやすくなる。十分なデータに裏付けられ、明確で論理的な流れになるからだ。そうした場合、プレゼンをすること自体は大した問題にならない。誰がプレゼンをするかにかかわりなく、スライドのページとともに論旨が自然に進んでいく。

必要なのは、最後の点検というステップだ。全員で内容を確かめて意見を出し合う。この作業でプレゼン全体のまとまりが強まる。この段階で、全員が関与し続けていることを確かめる必要がある。ここで足並みが乱れているようだと大問題だ。

カギになるのは、期待値を管理することだ。自分たちが作成に関わったスライドや資料がそのまま使われると思い込んでいて、実際にそうならなかった場合、メンバーはがっかりするだろう。怒る人も出てくるかもしれない。そうではなく、手を加えられることもありうると最初からわかっていれば、そうなっても驚くことにはならないはずだ。

9 説得力のあるデータを使う

優れたプレゼンテーションは十分なデータと情報に基づく。ビジネスの世界では一般的に、直観や志向は信用されない。求められるのは事実に裏付けられた提案だ。バドワイザーのマーケティング担当副社長、リカルド・マルケスがこう言っている。

「事実が先、主張はその後だ[*1]」

プレゼンに信頼性をもたせるために、説得力のある情報を盛り込む必要がある。これは「言うは易く、行うは難し」だが、強力なデータを使うようにすることだ。また、プレゼンの手法そのものによっても信頼性に違いが出てくる。

データに焦点を合わせる

私たちは人生のいずれかの時点で、自分の意見はさして重要ではないことを思い知る。これは、つらい瞬間になりうる。私たちは子どもの頃、人の意見も大事にするように教えられている。学校の授業の発表でもクラスメートから褒められ、先生はリポートに肯定的なコメントを書き込み、いい評価をしてくれる。あまり出来の良くない課題でも励ましの言葉をもらえ、こうすればもっと良くなるという優しい助言までもらえる。ソーシャルメディアに書き込みをすれば、友人や遠く離れたところにいる知人からもすぐに「いいね」がもらえ、シェアもしてもらえる。大学では、まるでおかしな意見でもまともに扱われる。オープンで寛容な文化における個人の尊重の表れだ。

しかし、結局のところ、私たちは自分の意見が重要ではないということを思い知る。周りは気にかけてくれない。新卒の社員が大々的な会社の戦略転換を提案したところで、経営陣は無視するだけだ。新人には経験も能力もない。若者の熱意はいいが、それは世間知らずの甘さにも通じる。

私にその瞬間が訪れたのは、ブーズ・アレンでコンサルタントとしてキャリアを歩み出して間もない時期、ある大手保険会社の営業力の分析をしていたときのことだった。なぜ生産性がずば抜けて高い外交員がいるのか、私は理由を見極めようとしていた。何週間か営業成績のデータを調べ上げてみて、私はメカニズムをかなり理解できたという感触を得た。そして、上司にそれを伝えた。すると上司は顔色ひとつ変えず、「そのデータを見てみないと」と言った。裏付けのデータがなければ、私の意見など何の足しにもならないのだった。

これは駆け出しの人間だけでなく、経営幹部、さらにはCEO（最高経営責任者）にも言えることだ。たとえ物わかりのいい取締役会が自分の意見に何でも賛成してくれるとしても、まだ株主やアナリストがいる。彼らが必要としているのは意見ではなく情報だ。クラフト・ハインツのベルナルド・ヒースCEOが最近のプレゼンに対して、こう言っている。

「私は何も思っていない。データを示してほしい」[*2]

「事実」は優れたプレゼンの基礎だ。確たる強力なデータがあるプレゼンは、固い地盤の上に立つ建物のように揺るがない。広告業界の伝説的存在、レオ・バーネットが言っている。

「事実を味方につけていて、心の中に実直な確信があれば、自分のアイデアを押し通すのに負けることはほとんどない」[*3]

事実が弱く不確かだと、プレゼンは砂の上の建物のように簡単に倒れてしまいかねない。TEDカンファレンスのクリス・アンダーソンも、「内容が伴わないのはひどいものだ」と言っている。[*4] したがって、プレゼンのまとめ上げには強力で確かな情報を盛り込むことが必須となる。

情報の3タイプ

すべての情報が同等の重みをもつのではない。自分の論点に大きな意味をもつ言説や数字もあれば、薄弱ですぐに問題点を突かれ、ほとんど価値をもたないデータもある。自分の主張や信頼性にマイナスに働く情報もある。

自分がプレゼンの材料にする情報を次の3つに分けるようにしよう。

強い材料

強力な提案の中核をなすのは強い裏付け材料だ。盤石な事実が安定した基礎となる。強い裏付け材料になるのは、明確で信頼性をもつ情報だ。次の2つの引用について考えてみよう。

ルール1：お金を失わないこと。ルール2：ルール1を絶対に忘れないこと。

――ウォーレン・バフェット

顧客満足は最高のビジネス戦略だ。
――マイケル・ルボーフ

1つめのバフェットは、ビジネスの世界ではほとんどの人が知る存在で、その意見は重んじられている。明敏で実直なビジネス界のリーダーとして知られている。

2つめは知名度が低い人の言葉だ。そもそも、この人は誰なのか。ほとんどの人は知らない。その結果、この言葉を引用してもインパクトは薄い。自分の論点の大きな裏付けにはならない。

関係のない材料

今の世界には情報があふれ返り、そのほとんどはあなたのプレゼンに関係しない。要するに無意味な情報ということだ。たとえば、外科手術の料金設定に関するプレゼンをする場合、次のような情報はおそらくあなたの提案に関係しないはずだ。

●2016年のWTI原油価格は平均1バレル＝43・33ドルだった。
●香港―マニラ間の直線距離は1116キロ。

●最初のビデオレコーダーは１９７６年10月に発売された。
●フランスには７６０万匹の犬がいる。

無意味な情報はプレゼンに盛り込まない。よく見極めて、意味をもたないとわかった情報は切り捨てる必要がある。

無意味な情報は２つの問題につながる。まず、聞く側の注意をそらせてしまう。フランスの犬の数を持ち出せば、聞いた人はこう言うかもしれない。
「フランスにそんなに犬がいたなんて、全然知らなかった。７００万匹以上なのか。すごい数だ。自分も去年から犬を飼っている。手はかかるけど、とっても楽しい。スーザン、きみは犬を飼ってる？　飼いたいって言ってたよね。そうしたほうがいいよ」

これは理想的な展開ではない。

もう一つは、本当に意味をもつ情報が覆い隠されてしまうことだ。重要な分析が他の数々の情報の中に埋もれてしまうことになりかねない。大事なのは、重要な意味をもつ情報に耳を傾けてもらうことだ。したがって、それ以外はすべて切り落とさなければならない。

危険な材料

弱い材料は説得力に結びつかないだけでなく、プレゼンの信頼性を傷つけるという大問題にもつながりうる。

こんな展開を思い浮かべてほしい。価格設定の再編を提案するプレゼンをしているとする。これは議論を呼ぶ問題だ。それなりの根拠はある一方で、販売量が減って売り上げが落ちてしまうリスクもある。

プレゼンの途中で、資料を見ていた経営幹部が競合他社の価格に数字の間違いがあることに気づいた。１５４６ドルなのに１６５４ドルとなっていたのだ。ささいな打ち間違いだ。他意のない小さなケアレスミスだと、あなたは思う。

ところが不幸にして、この小さな間違いが大問題を引き起こす。その経営幹部が、他の数字もすべてチェックして間違いを探し始めたのだ。聞いている人たちは、あなたの分析にも間違いがあるのではないかと思い始める。売上高の数字に誤りがあれば、価格設定の数字も間違っているはずだ。価格設定が間違っていれば、分析全体も狂っているはずだ。間違った分析に基づいて大きな決断を下すことはできない。

会議の最後に、出席者たちはこう思う。「面白い議論だったが、明らかにもっとよく考えてみる必要がある」。つまり、このプレゼンは失敗だった。ターゲットにする相手を説得できず、疑いや疑問を引き起こしてしまったのだ。プラスよりもマイナスの作用が大きかったということだ。

データに間違いがあれば、提案全体に疑いの目を向けられても仕方ない。つまり、小さなミスでも大きな問題につながりうるのだ。

事実と考え

「正しい情報」と「信じられる情報」は同じではない。正しいからといって信じてもらえるわけではない。人は必ずしも正しい情報を信じるわけではなく、間違った情報を信じることもある。地球は平らなのか丸いのか、延々と論争が続いた。丸いと考える人たちが正しかったのだが、それを他の人たちに信じさせることができなかった。

プレゼンでも、正しくかつ信じてもらえる材料を提案の裏付けにするのがベストだ。そのような事実や数字が説得力を大きく高める。そうした情報は聞く側が受け入れて信じ、あなたの提案とのつながりもつかめることになる。

かなり意外な分析結果を示す場合には、にわかに信じてもらえないかもしれない。こんな受け止め方をされるからだ。

●不正確なデータに基づいているのではないか。
●計算の仕方に間違いがあるのではないか。
●計算そのものを間違えたのではないか。

算出した数字に疑いをもたれたり、分析結果を信じてもらえなかったりすると、大きな問題になりかねない。分析そのものを退けられ、プレゼンの内容全体に疑いの目を向けられてしまうかもしれない。

プレゼンの内容をまとめ上げる際には、提示する一つひとつの情報について、信じてもらえそうかどうかを確かめるようにする。「この情報を信じてもらえるか」と自問するのだ。信じてもらえそうであれば、そのままプレゼンの材料として使える。逆に驚かれそうなデータなどは、慎重に扱う必要がある。

第一の問題は、それをプレゼンに使うかどうかだ。極めて重要なものでなければ、切り落としたほうがいいかもしれない。無用な危険は避けるべきだ。分析に重要な意味をもつデータであれば、補足説明を加えることを考える。分析手法やデータの出所などの説明だ。そうした根拠を納得してもらえれば、疑いの目を向けられにくくなる。

データの裏付けに誰かを味方につけるという方法もある。社内で尊敬されている人から言質が得られれば、データの信頼性が高まる。私はクラフトにいた時期、市場調査データの重みを高める上で、市場調査部門のトップに調査の妥当性と重要性について説明してもらっていた。

エピソード

プレゼンは情報と数字だけでは成り立たない。エピソードも、同等か場合によってはそれ以上の効果をもたらしうる。数字の欠点は、感情に響かないことだ。表はただそこにあるだけで、記憶に残らない。心に訴えてこないからだ。

その点、エピソードはすべてを生き生きとさせる働きをもつ。たとえば、初めて子どもを産んだ母親の購買パターンについて、単にデータを示すのではなく、そうした人に実際に話を聞いたときのことを話せば、聞く側の関心を強く引きつけられる。

私はケロッグ経営大学院の授業で、ケーススタディの一つに敗血症を取り上げている。敗血症が大変な病気であることについて、私はデータで示すだけでなく、実際にケロッグの学生の一人がドイツのコンサルティング会社で働いているときに敗血症になった話を聞かせる。そうすると、学生たちは本当に話に聞き入るようになる。敗血症になった学生はドイツで1

カ月入院し、意識を失った状態で体が2倍近くに膨れ上がり、かろうじて一命を取り留めたのだった。

エピソードは関心を引く。ケロッグ経営大学院で戦略的販売について教えているクレイグ・ワートマン教授は、『物語力』（イースト・プレス）という本を著している。物語が強い力をもつのは相手を引き込むからだと、彼は説明している。

「物語を話すという行為そのものが相手を引きつける。話すという行為と聞くという行為が、重要な情報と知識を伝えるのに必要な関与を生み出す[*5]」

エピソードはプレゼンにしばしの和みをもたらす。「物語は私たちをほぼ無意識のうちにスローダウンさせて聞き入らせる」と、ワートマンは言っている[*6]。

論を立てる際には、エピソードを裏付けの材料に使うことを考えてみよう。スライドのページに書き込む必要は必ずしもなく、説明の途中に差し挟むこともできる。

効果的なエピソードには3つの条件がある。

第一に、簡潔であること。くどくどしい話を会議で聞きたがる人はいないだろう。単刀直入にいくことだ。第二に、実際にあった話であること。心を込めて話すからこそ効果が生まれるのであり、それには実話であることが望ましい。第三に、データの裏付けになるものであること。エピソードそのものは大きな信頼性をもたらさない。1人の人や1つの出来事に関する話だからだ。状況も個別的なものかもしれない。データとエピソードを併せて示すのが理想的だ。順序はどちらを先にしてもいい。２つの側面から論を立てるというのがポイントだ。データとエピソードが相まった力の強さを物語る一例を挙げよう。

「ＭＢＡ（経営学修士）コースで学ぶ学生の大多数が就職を最重要事項と考えています。私は先週、それを目の当たりにしました。就職の２次面接が始まっていて、学生の半分しか授業に来なかったのです」

重要なポイントとして、自分自身が経験したエピソードが最も物を言う。自分の生活上の体験だ。自分自身のことなので、質問にも簡単に答えられるという利点もある。

単純な分析と複雑な分析

迷ったときには単純な分析を使ったほうがいい。わかりやすい計算は信じてもらいやすい。目に見える数値があるということだ。

しっかりした裏付けがあれば理解しやすい。数字や計算を理解できない人が出てくるようでは、論証が進みにくくなる。「18と14で合計32」と説明してわからない人はいないが、二項分布やチェビシェフの不等式などを持ち出せば、おかしくなってしまうだろう。

高度な分析には注意が必要だ。複雑な方程式を駆使するのも悪くはないが、相手が理解できなければ意味をもたない。新しい種類の情報を使うのも注意が要る。最新のソーシャルメディアのプラットフォームから新種のデータを引用するのは、インパクトが強いかもしれないが、そのデータ自体を聞く側が理解できなければ、さしたる効果は生まれない。

計算を複雑に組み合わせたりすると、わかりにくくなってしまう。これは2つの理由から問題となる。

第一に、聞いている人たちは、その分析を完全に受け流してしまうかもしれない。複雑な数字の羅列に抵抗感をもたない人は少ないだろう。受け流されてしまえば、その分析はまったく価値がなくなる。それどころか、逆に要点に目を向けてもらえなくなってしまうだろう。

第二に、分析は相手に頭を使わせることになる。ノーベル経済学賞を受賞した行動経済学者のダニエル・カーネマンが、著書『ファスト&スロー　あなたの意思はどのように決まるか?』(早川書房)で「認知負荷」という概念について掘り下げている。

複雑な分析や理解しにくいグラフは相手の頭に負荷を与え、論点の理解を困難にしてしまう。カーネマンは「何であれ、認知負荷の軽減につながるものが役立つというのが一般的な原則だ」と書いている。[*7]

次の2つの例について考えてみてほしい。

1つめのほうはシンプルで、誰にもわかる計算だ。これに異論を差し挟むのは難しい。これに対し、2つめのほうには「モデル」という複雑性が加わっている。そもそもTCモデル

例A

100＋21＝121

例B

TCモデルは答えが121であることを示している。

とは何なのか。何を要素とするものなのか。

一般論として、シンプルでわかりやすい計算や図解、データを使うほうがはるかにいい。相手がわかる数字を使うようにする。わかりやすく分析結果を示すということだ。

シンプルな計算は信頼性を生み出す。単純に数字やデータを示すだけで、おのずと信頼してもらえるのだ。明確で論理的だ。

とはいえ、複雑な分析を使わなければならないことも、まれながらある。重要なポイントを示すために、一連の計算から数字を導き出す必要があるという場合だ。このような場合には、複雑な分析が信頼性の向上につながりうる。

プレゼンで複雑な分析を用いる際には、そのデータを提示する前に分析方法について説明する必要がある。たとえば、購買に関する多変量回帰分析の結果を示す前に、その分析の仕組みについて説明する。その上で分析結果を提示し、それが意味するものについて話を進めていく。

データについて理解しておく

それぞれの情報やデータが意味することについて、理解しておくことが重要だ。つまり、自分が用いるデータについて理解しておかなければならないということだ。

簡単なことのように聞こえるかもしれないが、そうではない。シンプルなデータでも、かなりの複雑性をもたらしうる。そのデータは厳密に何を意味するのか。

基礎的なデータである市場シェアを例に取ろう。18・7％という数字を興味深いデータとしてプレゼンで取り上げるとする。だが、この数字を使う前に考えてみる必要がある。そもそも、この数字は何を意味しているのか。

まず問うべき点として、どのような時間枠での数字なのか。今週の数字なのか、それとも今月、あるいは今年の数字なのか。年初来、あるいは直近52週間ということもありうる。

次に、何をベースにした数字なのか。全販売店での数字なのか、それとも食料雑貨店だけの数字なのか。地理的範囲はどうなっているのか。

さらに、どのような種類のシェアなのか。販売量に基づくシェアか、売上高に基づくシェアか。

そしてさらに、何を対象としたシェアなのか。中核事業だけなのか、最近の新商品すべてなのか。

自分が使うデータについて理解しておくことがカギとなる。数字についての質問に自信をもって即答できるようにしておきたい。そのための方法はただ一つ、プレゼンの前に、そのデータについて深く考えておくことだ。

自分が使うデータについて知らないのは危険だ。「それは売上高ベースのシェアなのか、販売量ベースのシェアなのか」と質問されて、「いや、わかりません」とか「確認してみます」、さらには「それは重要なことでしょうか」などとは言えないはずだ。それでは信頼性に傷がついてしまう。

情報のソース

プレゼンに信頼性をもたせるために、それぞれの情報やデータの出所を調べ、その意味をつかんでおく必要がある。要するに信頼性の問題ということになる。提示する情報を相手に信用してもらいたい。その一つの方法は、信頼される情報源に頼ることだ。フィナンシャル・タイムズやニューヨーク・タイムズなどの主要メディアは、多くの人に信頼されている。ニューイングランド・ジャーナル・オブ・メディシンやジャーナル・オブ・マーケティングのような学術・専門誌も同様だ。

会社内でも、一部の部署などのデータやリポートが他のものよりも参考にされているということがあるはずだ。たとえば、私がクラフト・フーズにいた時期、ニールセンから送られてくる週間販売データが社内で信用されていた。このデータを使えば、疑いをもたれることはなかった。これに対し、ミックスモデリングの調査会社ラク&カンパニーの分析とデータは、それほど信頼されていなかった。同社のリポートのデータを使うと、すぐに質問を浴びせられた。

次の3つの記述について考えてみよう。

●現在の新車の平均価格は2万8457ドルである。
●商品配送部のボブが、今の新車の平均価格は2万8457ドルだと言った。
●カーズ・ドット・コムが、現在の新車の平均価格は2万8457ドルだと報告している。

最初の記述はあまり重みをもたない。どこから出てきた数字なのか。適当に作り上げたのではないのか。単純に信じていい数字なのか。多くの企業幹部は疑い深いので、このような数字はほとんど価値をもたない。

2つめの記述は情報源が示されているので、適当に作り上げたものでないことはわかるのだが、ボブが社内でエキスパートと思われていない限り、これが本当に最新の数字であるとは考えにくい。

ボブが情報源であることを示すのは、むしろかなりマイナスに作用する。プレゼンでボブの情報を使えば、あなたの判断に疑問の目を向けられることになる。つまり浅はかだったということで、あなたのパーソナル・ブランドに傷がついてしまうのだ。

3つめは信頼できる確かな記述だ。カーズ・ドット・コムは自動車販売の大手であり、確実なデータをつかめる立場にある。そのカーズ・ドット・コムが現在の平均価格は2万8457ドルであると言うのなら、おそらくそのとおりであるはずだ。

情報のソースを示す

プレゼンで使う重要な情報は、すべてその出所を示すべきだ。

たとえば、アメリカには14万2897台の分光計があると具体的に数字を出す場合、そのデータがウォールストリート・ジャーナルのような信頼ある情報源によるものであることを示せば、ずっと信頼性が高まる。

情報源を示す場合には、適正な詳しさという点に注意を払う必要がある。他の人が自分で確認しようとした際に、その情報源にあたれるようにしておくことがカギだ。インターネットから引用した場合には、そのサイトと閲覧日時を付記する。政府の報告書から重要な数字を引いた場合には、その報告書のタイトルと当該のページを示す。

データなどの出典の表記は統一したほうがいい。それによって綿密さが伝わる。それぞれの場合にふさわしい表記の仕方があるので、適切な形式を選んでいるか、確かめるようにする。一つの簡単な方法として、上司はどのような形で表記しているかを見てみるといい。

出典を目立たせる必要はなく、文字をかなり小さくしてもかまわない。むしろ、そのほうがページに情報を詰め込みすぎているという印象を与えずにすむ。とはいえ、読む側が簡単に見つけられるようにしておく必要もある。

どこから取ったデータや情報なのか、質問されるようでは失格だ。出典の付記を習慣にしてしまうことだ。質問されるとプレゼンの流れが止まってしまう。さらに重要な点として、情報の出所を覚えておくことに頭を使うのは無意味だ。頭に入れておくべきなのは、ポイントとなる分析結果や特に重要性をもつ情報だ。

数字を確認する

データや情報を扱う際に最も重要なのは、数字の確認を怠らないようにすることだ。数字や出典、データ、表記がすべて正しいことを確認しなければならない。

ミスは様々な問題につながりうるということを忘れないでほしい。数字の間違いを避けるために、あらゆる手を尽くすべきだ。

この種の間違いはゴキブリと同じだ、と考える人も少なくない。1匹出てきたら、もっと多くの仲間が潜んでいるということだ。

数字の間違いによって、完全に誤った結論に至ってしまうことも起こりうる。数字をいくつか取り違えてしまっていれば、新市場への進出計画は意味をなさなくなるかもしれない。価格設定に関する提案も逆に有害なものになってしまうかもしれない。

したがって、プレゼンの内容を最終的に固める前に、すべてのデータの確認に時間を割くべきだ。数字を確認し、それぞれの分析を見直す。おかしな点があったり、出所がわからないものがあったりしたら、再確認して、もう一度やり直す。

最終的に、強力なプレゼンは盤石なデータに支えられなければならない。「重要なのは意見ではなく事実だ」というクラフト・ハインツのベルナルド・ヒースCEOの言葉は正しい。[*8]

10

事前の売り込み

プレゼンテーションに成功の保証を得る方法はただ一つ、事前に売り込みをしておくことだ。プレゼンをする会議前の段階で、主要な出席者のすべてと顔を合わせる機会があるのなら、資料を見せて提案内容への支持を取り付けておく。そうすれば、プレゼンの成功に自信をもてる。

多くの場合、会議はおおむね形式上の手続きにすぎない。すでに全員が提案内容を見て支持しており、計画を承認して終わるという形だ。

もちろん、根回しで必ず成功が保証されるわけではない。物事には歯車が狂う可能性が常に伴う。しかし、会議の前に根回しをしておけば、有利な状況をつくり出せる。

2つのシナリオ

次の2つのシナリオについて考えてみてほしい。

シナリオ 1

事業に関する重要な提案をしようとしている。トレードオフと困難な選択を伴う内容だ。この問題について、関係者たちの意見は分かれている。成功を祈ってプレゼンに入ったところ、出席者たちは提案内容に驚きを示している。何人かから質問が出てくる一方で、他の人たちは考え込んでほとんど発言していない。

難しい会議になってしまった。あなたは反対派からの厳しい質問をさばかなければならないが、不意を突かれて答えに窮するような質問も出てきた。そして、あなたは退却の決まり文句を言わざるを得なくなった。

「後ほど確認して、お知らせします」

結局、会議は物別れに終わった。関心を示している人、反対している人、問題があると受け止めている人。その他に考えあぐねている人も少なくない。

この段階で、あなたはひどい状況に陥っている。会議は何の目的も果たさず、自分が求めていた同意を得ることができなかった。おそらくもう一度、会議をしなければならないだろう。これは、あなたが期待していた結果ではない。

この状況は見かけ以上に悪い。あなたは議論をコントロールする力を失ってしまったからだ。会議の出席者たちは、あなたを交えずに個別的に問題について話し合うようになる。問題ありと考えている人たちは、その裏付けになるデータを探し出し、意見を決めかねている人たちを反対派に引き入れようとするだろう。反対論を聞いて支持派も考えが揺らぐかもしれない。あなたの提案は崩れてしまう可能性が濃厚だ。

シナリオ 2

事業に関する重要な提案をしようとしている。トレードオフと困難な選択を伴う内容だ。この問題について、関係者の意見は分かれているが、事前にそれぞれの意見は把握している。3人が支持派で、2人が懸念を抱いている。この問題については全員が詳しく知っている。

プレゼンでなすべきことは次の2つだ。まず、支持派の意見をさらに固めること。そして、懐疑派の懸念のすべてに対処することだ。伴いうるすべての問題と代替の計画について、深く検討したことを示すデータも提示する。

この会議は合意に至る。あるいは、焦点となる問題について深い議論が交わされる。

出席者は問題について論議し、解決策を見つけ出そうとする。
あなたは明確な結論を得て、この会議を終える。

２つのシナリオの違いは単純だ。最初のシナリオでは、事前の準備がなされていないために歯車が狂ってしまった。２つめのシナリオでは、会議前の努力が成功の基礎となった。

事前の売り込みを怠って、そのままプレゼンに入ってしまうというのは、あまりにもよくある間違いだ。それというのも、物を言うのはプレゼンそのものだと考えている人が多いからだ。この考え方だと、プレゼンを完璧に仕上げようということになる。

しかし現実には、プレゼン前の下準備で基礎を固めておかないと、失敗に終わる確率が劇的に高まってしまう。

プレゼンはキャリアの分かれ目にもなりうる、ということを忘れないでほしい。そうすれば、成り行き任せということにはならないはずだ。

事前の売り込みはなぜ大事なのか

プレゼンに際して事前の売り込みが極めて重要になるのは、次のような理由からだ。

相手の立ち位置を知る

第一の理由は、会議に入る前に出席者の考え方をつかんでおいたほうがいいということだ。自分の提案を支持してもらえるのか。懸念をもたれているのか。強く反対しているのか。

相手の立ち位置がわかっていれば、それに出方を合わせられる。賛同が得られていれば、プレゼンの成功に自信がもてる。話をスムーズに聞き入れてもらえ、テンポ良くプレゼンを進めていける。そして、先行きに生じうる問題にどう対処するか、次のステップについて話し合うことができる。

これに対し、提案が反対を受けていることがわかっている場合には、大きく異なるアプローチが必要になる。話をゆっくりと進め、自分の論拠を一つずつ強調していく必要があるかもしれない。反対の理由を聞き、それを乗り越えるための準備も要るだろう。会議前に支持派の人たちに相談し、提案を後押ししてもらえるようにお願いしておくという手もある。

場合によっては、プレゼン全体の構成を最初から作り替えることも必要になる。プレゼンの構成は相手を思い浮かべながら、という点を思い出してほしい。相手はどんな人たちで、何を好むのか。何をどこまで知っていて、どんな信念をもっているのか。相手について正確につかめていないということがわかったら、そのままのプレゼンではうまくいかないだろう。押し通そうとするように提案を示すのではなく、もっとソフトに一連の選択肢を示し、それぞれを比較検討するという形になるかもしれない。

本当に形勢が悪いようなら、会議の取りやめも選択肢になる。提案は受け入れられないとわかっているのに、なぜプレゼンをするのか。通常、これは避けたい状況だ。すでに成功の目はない状況であるのなら、時間の無駄にしかならない。

反対意見を見極める

プレゼンでは、あなたの論理が試金石にかけられる。事前に相手の反応を見通し、問題点を割り出すことが可能だ。反対の理由についても同じことが言える。

問題意識を理解することは欠かせない。自分の見解が間違っているかもしれない理由を見極めることにつながる。自分の提案の正しさを確信するあまり、反対意見に目を向けようとしなくなってしまうことが往々にして起こりうる。たとえば、生産能力や販売チームの実行力について、誰かが異論をもっているということを知るのは前進への1歩だ。

懸念材料がわかれば、それに対処できるようになる。反証となるデータをまとめ、相手を安心させることができる。十分な生産能力はあるのかという懸念に対して、それがあることを示す。販売チームの実行力についても同様だ。

場合によっては、そうしたデータを組み入れるためにプレゼン全体の構成を少し変える必要も出てくるかもしれない。データを頭に入れておいて口頭で説明したり、質問が出た場合に備えてスライドのページを用意しておくという方法もある。

本当に大きな問題が浮上した場合には、提案全体の見直しが必要になることもありうる。示された懸念を切り捨てるのは簡単だが、妥当な懸念が出てくることも少なくない。本当に生産能力が足りなかったり、販売チームに実行上の支障があったりというように。

ここでのポイントは、実際に話をしてみて初めて、すべての問題点をつかめるということだ。そうであるからこそ、プレゼンで提案を示して意見や評価をしてもらうのだ。

問題点が目に見えていなくても、それは問題がないということではない。家の中のどこかにゴキブリが隠れているのと同じことだ。しかし、心配する必要はない。どこかの時点で問題点は見えてくる。それがプレゼンの最中になるのは望ましくない。実際に新商品を発売する段になって問題が発覚するのは最悪だ。それは準備段階から存在していた問題点に気づかず、壮大な計画に支障が生じる事態に至ってしまったということに他ならない。

アイデアを得る

参考資料を事前に示しておくことの大きな利点の一つは、他の人たちのアイデアが得られることだ。それによってプレゼンをもっと強化できる。

重要な計算式を示したり、別のポイントにも言及したほうがいいという助言ももらえるかもしれない。これは素晴らしいフィードバックだ。競争環境など他の問題についても考えてはどうかというような助言も、有用なフィードバックになる。誤字や脱字を見つけてもらえるかもしれない。

目的はプレゼン前にアイデアを得ることだ。事前の売り込みの段階で「このデジタル広告キャンペーンの損益分岐点は？」と聞かれたとしたら、実際にその計算をしてみる。それが自分の主張の裏付け材料になる場合には、プレゼンに盛り込むことができる。あるいは、質問を受けた場合の答えとして頭に入れておいてもいい。説明の補足として、「ちなみに損益分岐点の分析から、４％の売上増で費用を賄えるという数字が出ています」というように言うこともできる。

実際のプレゼンの場では、かなり異なる力が作用する。損益分岐点について質問されて、その計算をしていなかったとしたら、準備不足という印象を与えてしまう。なぜ計算しなかったのか。かなり基本的で重要な分析ではないのか――。

事前の売り込みで得られた助言は、必ず実行に移すことだ。確かに、無視したくなる類いのコメントもある。「アイルランドでの売り上げはどうなの？」とか「この段落は脈絡から外れている」というようなコメントだ。簡単に無視できる細かい問題だ。

それでも、無視は禁物だ。助言を受けたのに何もしなかったということは、取るに足らないことだと受け止めたということを意味する。これでは味方になってもらえない。

ささいな事柄でも、しっかりと耳を傾けるべきだ。これは、あなたが相手のアイデアを大切に受け止めているということを示す簡単な方法なのだ。そうすることで、あなたは人の好意を大事にする人間だと思われる。あなたが段落の手直しをすれば、相手は必ず気づく。小さなプラスの積み重ねを忘れないことだ。

敬意を示す

大きな会議の前に話をさせてもらうのは、その相手が重要な存在であるからだ。つまり、あなたはその人に敬意を払っているということで、「重要な存在であるあなたのご意見をお聞かせください」というメッセージに他ならない。これは支援を確保する上で素晴らしい方法だ。

アプローチ

プレゼンを事前に売り込む際には、一連の内輪の打ち合わせを設定するべきだ。たとえば、販売の担当責任者と打ち合わせをしてから、市場調査の担当責任者と打ち合わせをするというように。誰との打ち合わせでも同じように話を切り出す。「『プロジェクト・ハムスター』についての会議がありますが、その前にまず、現段階でのプレゼンの全体的な内容についてご説明し、ご意見や助言をいただけたらと思います」といった具合にだ。

最終的なプレゼンの内容ではなく、その時点での内容を説明することに意義がある。資料の表紙ページに「草案」「作業原案」「第1稿」などと大きめの文字で示しておく。最終案を示すと、意見を求めているのではなく、形式的に手順を踏んでいるだけのように思われてしまう。あくまでも意見や助言を求めることがポイントだ。

こうした打ち合わせは、本番の会議の数日前か1週間前に行うべきだ。かなりの確率で助言をもらえる。別の分析をすることや、他の関係者にも話を聞くことを勧められたりする。したがって、別の分析など、助言されたことを実行するための時間をみておく必要がある。

大きな会議の直前に打ち合わせをするのは禁物だ。変更を求められた場合に、時間的余裕がなくなってしまうからだ。難色を示された場合にも、手の打ちようがない。そのまま会議でプレゼンはできるが、結果が見通せない状況で自信のないプレゼンになってしまう。なんとかかわして乗り切ろうという構図だ。

会議を取りやめて先延ばしするという方法もあるが、これも得策ではない。会議の再設定は簡単にはいかない。間際になってからの中止は、何か問題があったからだと受け取られる。繰り延べた会議でのプレゼンは、どうしても通常より疑いの目を向けられやすくなる。

このような理由から、プレゼンの間際になってから打ち合わせをするくらいなら、その打ち合わせはしないほうが得策となる場合が多い。

打ち合わせで内容を説明する際には、相手の反応をつぶさに観察することだ。うなずいているだろうか。穏やかな顔か、険しい表情か。さらに根本的なレベルで、関心を示しているかどうか。このような手がかりのすべてが役立つ。

あなたはプレゼンに磨きをかけるための手がかりを必要としている。他にどんなデータを加えたほうがいいのか。内容に食い違いがある部分は？　問題点は？

その後のフォローも必要だ。考えをまとめるのに時間がかかる人もいる、ということも考慮に入れるべきだ。たとえば、２日後にメールをするのもいい。

「火曜日は時間をいただき、ありがとうございました。提案内容について、その後にお気づきになった点などがありましたら、お知らせいただけたらと思います。そちらに行って、お話を聞くという形でもかまいません」というように。

提案内容について懸念を示す人がいたら、その問題点について検討し、まとめ上げた答えを再度の打ち合わせで相手に伝えるというやり方もある。

「BBQソース」で学んだ教訓

私はクラフト・フーズ時代に「BBQソース」事業の立て直しで、プレゼン前に適切な基礎を整えておくことの効果を目の当たりにした。数年にわたる大幅な値引き販売とコスト削減を経て、事業は危険な状態に陥っていた。業績そのものは悪くなかったが、その道筋を進み続けることはもうできなくなっていた。

解決策は明白だった。値引き販売をやめ、製品の質を向上させ、ブランドイメージを刷新する新たな広告・宣伝に資金を投じることだ。それは事業の大きな転換、差異化と品質への投資を意味していた。問題は、それにはかなりの費用がかかり、最初の2年間は利益が劇的に減ることだった。

この再建案は結局、事業部門のトップとの会議にかけられることになった。そのトップは、計画の内容と見込まれる効果を知りたがっていた。このトップに承認されなければ、計画は実行に移せない。

私はプレゼンの準備に努力を傾けた。チームとともにストーリーを組み立て、重要なポイントを確たるデータで裏付けた。かなり強力な論拠がまとまっていた。

プレゼンの大まかな構成がまとまったところで、会議に出席する他部門の代表者たちとの打ち合わせを設定した。相手は販売部門のトップ、市場分析の責任者、財務担当と執行担当の取締役だった。それぞれの打ち合わせでプレゼンの内容を説明し、質問に答え、助言を求めた。そして、それをふまえてプレゼンの内容を手直しした。

会議前の時点で、プレゼンはうまくいくと自信がもてる状態になっていた。最終的なプレゼンの内容を知らないのは事業部門のトップだけで、他の出席者は細部まで知っていた。

プレゼンは成功した。私は状況について説明し、提案を示した。事業部門のトップは、他の出席者に賛否を聞いた。驚くまでもなく、事前に打ち合わせをしていた全員が賛成だった。

私たちは計画を実行に移し、最初の年こそ厳しい状況となったものの、ＢＢＱソースの事業は正しい成長軌道に乗り、品質とブランド・エクイティ（ブランドの資産的な価値）によって利益を拡大するに至った。

11 準備とリハーサル

プレゼンテーションの日が近づくにつれて、準備とリハーサルが重要になってくる。すべてがスムーズにいくように、隅々まで気を配らなければならない。プレゼン前の数日間の準備が成功への基礎となる。

プレゼンを簡単に考えている人たちもいる。日時を設定し、その時が来たら会議室に入り、プレゼンを始めるというやり方だ。しかし、実際にはそうではない。準備の必要性という点で、プレゼンは演劇に通じる部分が多い。俳優たちは、自分の役柄を十分に把握するまで舞台に立たない。「どうすればいいのかよくわからないが、とにかくやってみよう」というわけにはいかない。出たとこ勝負ではないのだ。即興劇でも、俳優はおおよその流れを思い浮かべながら舞台に臨む。一つの動きが次の動きにつながっていくのだ。

準備不足の芝居はうまくいかない。セリフがつっかえたり、タイミングがずれてしまったりする。舞台の上での動きも不自然になる。つまずいてしまう役者もいるかもしれない。通し稽古を見ればよくわかる。まだ荒削りで、流れがぎこちない。まだ準備が整っていないことがわかる。

プレゼンをする人も同じだ。準備が整うまで、プレゼンをしてはいけない。流れと展開をつかんでおく必要がある。準備に少し時間をかけるだけでも、本番の出来栄えが劇的に高まりうる。

私は最近、ケロッグ経営大学院でマーケティング戦略の授業にゲストを招いた際、準備の大切さを目の当たりにした。新鮮な事例を授業に取り入れ、教室で論じている概念が現実の世界でどう機能しているのかを示すために、私はよくゲストを招いている。その際に準備の大切さを思い知らされているのだ。

新鮮であればいいという話ではない。教室という環境には特有の力学がある上に、ケロッグ経営大学院の学生たちは要求水準が高く、常に洞察や学びを求めている。そこで、私は授業に入る前に2つの会話をするようにしている。

第一に、ゲストとの会話だ。私からのアドバイスとして、学生たちと対話するようにすること、特に質問をして答えを求める形を取るのがいいと伝える。どのようなテーマでも、議論を始めさせるのに教師が使える最も強力な道具は、学生の一人を指して問いかけることだ。たとえば移民について議論を始めたければ、誰かを指して意見を話させ、次に別の誰かを指して、その意見についてどう思うかを聞く。これで自ずと活発な議論が始まる。

ゲストにも同じ方法が役立つ。漠然と「この点について、どう思いますか」と聞くと、答えが返ってこないことになりやすい。誰かを指して具体的な質問をすれば、必ず面白い答えが返ってくる。「スーザン、マクドナルドのメニューについてどう思う?」というように。

そしてもう一つは、学生たちとの会話で、積極的に質問をするように促しておく。ゲストが90分間、一方的に話をするようでは単調になってしまう。聞く側も、それほど集中力は続かない。だから、学生のほうからたくさん質問をする必要がある。質問に答えるのを嫌う人はいないので、質問が多すぎても問題にはならない。時間を見計らって、質問の受け付けは調整できる。こうして素晴らしい授業になる。ゲストは熱心に質問に答え、学生たちは大満足する。面白くて学べることも多い。学生たちに働きかけるアプローチが相互作用を生み出すのだ。

もちろん、自然にそうなるわけではない。授業がうまくいくように、私は常に事前に環境を整えている。ここでの教訓はシンプルだ。プレゼンには準備が要る。基礎を整えて、すべてがうまくいくように時間を費やさなければならないのだ。

準備

プレゼンの準備に際しては、いくつかカギとなる事柄がある。

相手

最も重要な準備は「相手」だ。出席すべき相手が会議に参加することになっているだろうか。裁可を得たいのであれば、その事案について影響力をもつキーパーソン全員に出席してもらう必要がある。

そうした顔ぶれがそろわなければ、計画を進めることは難しくなる。プレゼンをしてから、こんなことを言うのは避けたい――「最終決定をする前に販売チームの意見を聞く必要があります。2週間以内にマルシアを交えて、もう一度会議をしたいと思います」。これでは、また同じプレゼンをしなければならないことになってしまう。

会議に出席する人数についても、注意深く考えるようにしたい。とにかく多くの人に来てもらおう、という心理になりやすいからだ。関係の薄い部門の人たちや若手、さらにはインターンにも見学してもらおうなどということにならないように、気をつける必要がある。

人数が多くなると会話が途切れがちになってしまう。意思決定のカギを握る人が少人数の会議を好む場合には、なおのことだ。出席者をふるいにかける際には、プレゼンの目的を思い起こすようにする。相手の勉強のためにプレゼンをするのではない。あくまでも目的を達するためのプレゼンなのだ。

場所

会議に備える際には、その部屋を考慮に入れる必要がある。適切な会議室を押さえただろうか。環境は重要だ。物理的な環境は感じ方や振る舞い方にかなり影響する。プレゼンの場の設定については後の章で詳しく説明する。ここでは、理想的な場所を確保することについて説明しておく。

部屋は十分な広さで、かつ広すぎないこと。狭すぎて窮屈なのは嫌われる。居心地が悪ければ不機嫌にもなろうというものだ。人数分の椅子があることも確認しておかないと、会議の最初の5分か10分が椅子を見つけて運び入れることに費やされてしまうことになりかねない。限られた時間を大切にする必要がある。

逆に大きすぎる部屋も禁物だ。空間が広すぎて場違いな感じがしてしまう。3人を相手にするのに大会議室は要らない。がらんとした空洞にいるような雰囲気になってしまうからだ。

少なくともプレゼンの30分前の時刻から会議室を押さえるようにする。これで準備とセッティングの時間が得られる。午後2時からの会議の部屋を2時から予約したのでは、準備の時間が取れない。その前の会議が2時までに終わらないこともありうる。

コピーの配布

資料のコピーを渡すべきかどうか。渡すとしたら、いつ渡せばいいのか。プレゼンの前か、それとも終わってからか。これも熟慮すべき重要な点だ。

重要な会議の際には、カギを握る人たちと前もって打ち合わせをしておきたい。プレゼンの内容を説明して、相手の考え方を知っておくためだ。となれば、会議の前に分析などの資料を見せる必要がある。問題は、最終的な内容の資料をいつ渡すかだ。

その答えは、相手が誰であるかによって大きく変わる。CEO（最高経営責任者）がコピーを欲しがっているのなら、事前にコピーを渡しておくべきだ。たとえば、私はコンサルティング会社のブーズ・アレンにいた時期、プレゼンの際には必ず2日前に資料を渡すようにと指示する上司がいた。もちろん、私はそれに従った。

私の持論では、会議の直前にコピーを配布するのがいいと思っている。メモを取ることもできるし、途中で前の部分に戻って確認し直すこともできる。説明された内容よりもう少し詳しく分析について考えてみる、という場合にも役立つ。資料があれば、すべてをメモする必要はないため、落ち着いて話を聞けることにもなる。

会議の前日か前々日にコピーを渡すことには問題も伴う。もちろん、読んで考える時間は得られる。この場合、あなたの説明はなく文書だけで論旨をたどるということになる。

事前にコピーを渡すことの問題点の一つは、どうしても読む人と読まない人が出てくることだ。それによって会議に緊張した空気が生じてしまう。資料を読んだ人は早く説明を進めてほしいという気持ちになる。もうプレゼンは省略し、そのまま質疑応答と議論に入りたいという人もいるかもしれない。そうなると、ストーリーを通して提案を納得させるということがまったく意味をもたなくなる。一方、資料を読んでいない人たちは訳がわからなくなってしまう。読んでいない人は、プレゼンを聞かなければ議論に加わりようがないのだ。

練習！

プレゼンで話すのがうまい人にコツを聞くと、こう言われることが多い――「練習することだ」。

ただ椅子から立ち上がって、すらすらと話し始めているわけではないのだ。少なくとも、ほとんどの人はそうではない。事前に練習しておかないと、細かい部分について話しすぎたり、逆にペースが速くなりすぎたりしてしまうかもしれない。大事な要点を飛ばしてしまうということも起こりうる。あまり役に立たない事例を挙げたり、さらには論拠にならないケースを挙げてしまうことにもなりかねない。

話し上手の人たちは練習を積んでいる。イギリスの名宰相ウィンストン・チャーチルは、演説の前にはとことん練習を重ねていた。40分の演説のために6〜8時間練習したという。スティーブ・ジョブズもそうだった。「彼のプレゼンテーションの秘密はこうだ」と、カーマイン・ガロは書いている。

「ジョブズは何時間もリハーサルをした。寸分の狂いもないようにするために、何日も何日も、何時間でもかけていた[*1]」

練習の効果を最大限に高めるために、次のことが役立つ。

スライドの全体をたどってみる

プレゼンの練習をする際には、スライドを最初から最後までたどり、それぞれのページで押さえるべき要点をつかんでおく。暗記することが目的ではない。暗記しても、うまくいくことは少ない。覚えることがストレスになり、自然に話せなくなってしまうからだ。目的はプレゼン全体の流れを把握し、ストーリーを伝えられるようにすることだ。

実際に声を出してリハーサルすることが大事だ。ただ頭の中で思い浮かべるだけでは事足らない。スライドの各ページで何を話すのか。「プレゼンテーションに備える方法はただ一つ、本番でするように声に出して話してみることだ」と、プレゼンのコーチングをするジェリー・ワイズマンは言っている。[*2]

身ぶりについても考えておく必要がある。それぞれのページを説明する際に、どんなアクションを加えるか。たとえば、重要な数字を指し示すというように。

練習の一つの方法として、自分の部屋の中に立ち、フロアランプや観葉植物を相手に見立てて話すようにするといい。同僚たちにプレゼンしてみるという方法もある。何人かを一室に集めてスライドも使う。少し照れくさいかもしれないが、これはとても効果的な方法だ。

自分をビデオ撮影することもできる。録画した映像を見て、改めるべき点を見極めるのだ。ばつが悪いかもしれないが、大きな効果をもたらしうる。パーソナル・ブランディングの専門家であるブレンダ・ベンスがこう言っている。

「自分自身を見ることとは、目から鱗が落ちることにつながりうる。楽しいことではないかもしれないが、どうすれば相手に与える印象を良くできるか、ほぼ確実につかめる」[*3]

話の要所を見極める

プレゼンの練習をする際には、話の要所をつかむこともしておくべきだ。論点の裏付けとして面白いエピソードはないか。スライドのページに特に重要なデータはないか。

自分用の資料の各ページにメモをしておくという手もある。あくまでも短いメモ書きだ。「ここでコロンビアでの事業の話をする」「去年の顧客推奨度の数字を見たかどうか、聞いてみる」といった具合だ。

それぞれのセクションについて考えてみることが大事だ。具体的なエピソードで論点が強くなるかどうか。カーマイン・ガロはこう勧めている。

「練習、練習、そしてまたもう少し練習。すべての要素を当たり前に思わないこと。すべてのスライド、すべてのデモンストレーション、すべてのメッセージを確かめ直す」[*4]

こうした作業を終えた時点で、もう自分のプレゼンを隅々まで熟知した状態になっている。すべてのページと話の要所を把握している状態だ。準備がこのレベルになれば、もう細かいメモは要らなくなる。

時間配分を考える

時間配分は大事な問題だ。重要なページに時間を割きたい。いくら面白いエピソードがあっても、重要なポイントに関係するのでなければ切り捨てるべきだ。どんなに惜しい気がしようとも、限られた時間を重要ではない事柄に費やすのは得策ではない。

一般論として、早めに終わることを考えるべきだ。たとえば、会議の時間が午前10時〜11時30分であれば、11時15分までにプレゼンを終えるようにするべきだ。このように段取りをしておくことで、すべてが丸く収まる。実際に11時15分に終われば、他の人たちは時間に余裕ができて喜び、メールをチェックしたりコーヒーを飲んだり、電話をかけたりすることもできる。会議を早く終わらせて問題を招くということは、ほとんどない。質問がたくさん出た場合には、その対応に時間を充てられる。つまり答えられるということだ。

プレゼンにあれもこれも詰め込もうとするのは得策ではない。時間を目いっぱいに使おうとすると、単純な質問が一つ出てきただけで時間が押してしまうことになりかねない。そうなると、最後に望ましくない選択を迫られることになってしまう。

選択肢1：時間内に終わらせるために、最後の数ページを大急ぎで説明する。これはうまくない。早口で話すようになり、きちんとした説明ができなくなる。

選択肢2：質問など相手の話をさえぎる。「ジョン、意見はありがたいが、話を先に進めなければならないので」というように。ジョンを黙らせようとしているわけで、これはさらに悪い出方だ。ジョンの気持ちを害してしまう。自分の提案を認めてもらうためのプレゼンなのだから、聞いている人たちを味方につける必要がある。

選択肢3：プレゼンが時間切れになるのを承知の上で質問に答える。しかし、プレゼンの残りの部分を後日改めて行うということは現実として可能性が乏しく、残りの部分の資料を読んでもらうというのも現実的に望み薄だ。合意に至るための時間を会議の最後に残しておく必要がある。あるいは少なくとも、全員が次のステップについて共通認識をもてるよう再確認する時間が必要だ。

このように時間の管理は極めて大事であり、少し時間を残すようにしてプレゼンを終えなければならない。いくつか続けて質問をする人がいるかもしれず、それに答えるには時間がかかる。副社長が本筋から外れる話を切り出し、それに時間を取られてしまうかもしれない。フラストレーションがたまる展開だ。価格設定に関する会議の最中に、誰かがこんなことを言う。「スーザン、インストアの季節プロモーションのアイデアについて、先方から答えはあったの？」

スーザンはこう答える。「ありましたが、10月9日は都合がつかないので翌週にずらせないかと言ってきています」

そして、この話がさらに続く。「ミゲル、販売チームはその週で大丈夫か？」

「デーブ、それは本当にまずいことになる。全国販売会議があるんだ」

「スーザン、11月初めではどうかと先方に聞けるかな。そのほうがいいかもしれない」とデーブが言う。

そして、スーザンが答える。「聞いてみますが、それだと動きの鈍い週に当たってしまいます。サム、確認してもらえる？」

このように話が続いていくなかで、あなたは蚊帳の外に置かれたままになってしまう――どうやってプレゼンを終わらせればいいのかと頭を悩ませながら。

このような時間の問題が起こりうるからこそ、プレゼンの資料に概要を含めることが重要になる。プレゼンの冒頭部分で要点を示しておけば、たとえ進行に問題が生じても、大事な点に触れられなかったということにはならない。概要は不測の事態への備えでもあるのだ。

修正をいとわぬ姿勢で

私たちは物事を論理的に進めようとする。目標に向かって1歩ずつ進んでいく、という考え方だ。プレゼンの場合は、まず内容をまとめ、次に練習し、そして本番に臨むという順序になる。

しかし、物事は必ずしも秩序立った形で進むわけではない。螺旋状のプロセスになることもあるのだ。つまり後戻りして、やり直すという進み方だ。

プレゼンの練習をしてみて問題点に気づいた、というのはよくある話だ。たとえば、1つのページに裏付けのデータが欠けていた、あるいは主張の論拠が弱かったなどというように。全体の流れが悪く、各ページがうまくつながっていないことに気づくこともある。おのずと頭に浮かぶはずの疑問に対処していなかったことに思い当たるかもしれない。

このような場合には、元に戻ってプレゼンを手直しする。必要に応じて、流れを変えたり、データを追加したり、構成を変えたりするのだ。

時間ぎりぎりのスケジュールで優れたプレゼンをまとめ上げるのが難しいことには、このような問題が絡んでいる。プレゼンの前夜にリハーサルをしたのでは、手直しをする時間はほとんど取れない。すでに資料を配布した後では、もう流れは変えられない。

コーチを雇うことも考える

プレゼンの準備がうまくいかない場合には、指南役にコミュニケーションのコーチを雇うという方法もある。

たいていのコーチはプレゼンについて熟知し、率直なフィードバックを与えてくれるので、価値のある存在になる。友人や同僚では、本当のフィードバックが得られないかもしれない。「つまり」とか「あのう」といった口癖などは指摘しにくいものだ。

コーチを雇うことには抵抗感が伴い、費用もかかる。それでもプレゼンの重要さを考えれば、大きな見返りを生む投資になりうる。伝説的な投資家のウォーレン・バフェットは人前で話すのが大の苦手だったが、デール・カーネギーの研修コースを受講して苦手意識を克服した。「あれをやらなかったら、人生全体が違うものになっていただろう」と、バフェットは言っている。[*5]

クラフト・フーズやナビスコ、ジレットなどでCEOを歴任したジェームズ・キルツも、プレゼンが苦手でコーチングを受けた。そのキルツは、こう言っている。

「スピーチの訓練に体をいじめるような痛みや苦しさは伴わないが、それでものしかかってくるものがある――特に精神と自意識に」[*6]

12

セッティング

何年か前、ケロッグ経営大学院の同僚の一人がヘルスケア業界の人たちのために開いた講座を聴講する機会に恵まれた。とても内容が濃く、学ぶところが多かった。深い専門知識をもつこの同僚は、教師としてもとても優秀だった。

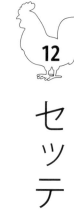

しかし、一つ気になる点があった。講座は午後6時からなのだが、彼は決まってその2分前にコピーやノートを抱えて会場に入ってきた。そして大急ぎで準備を始める。ノートパソコンを開き、プロジェクターのスイッチを入れ、資料を整理する。驚くまでもなく、その際にたいてい何かトラブルが起きる。プロジェクターの調子が悪かったり、マイクの接続がうまくいかなかったり。そうした対応で、かなりのストレスを受けている様子が見て取れた。

それでも、ほとんどの場合、講座はほぼ時間どおりに始まっていた。厳密に定刻どおりではなくても、受講者たちは気にしていないようだった。しかし、トラブルが長引いて10分、

15分の遅れになる日もあった。

出だしでつまずくと気持ちが乱れ、講義にスムーズに入れないようだった。しばらくすると落ち着きを取り戻して安定するのだが、影響は受講者たちにも及んでいた。講師があわてているのを見て、やはり落ち着かない気持ちになるのだ。そして講師が落ち着きを取り戻すと、受講者たちも安心してリラックスする。

講義は聞く側が期待を膨らませ、できればわくわくした気持ちで始まるのが理想だ。準備段階であたふたしてしまうと、それとは逆の状態になってしまう。

私は最近、別の教授の講義前の様子を見た。かなり早めに教室に入って資料を整え、パソコンとマイクをチェックしてからノートを広げていた。それから講義が始まるまでの10分間、学生たちと話をしたりしていた。講義で何を知りたいのかという質問もしていた。

なにげない軽い会話だったが、実は重要なメッセージを帯びていた。まず、講師の落ち着いた態度が、この講義はうまくいきそうであることを示していた。次に、講師が受講者のためを思っていることが伝わっていた。これも講義の成否を分ける要素だ。

プレゼンテーションも同じことで、会場に早めに入って準備を整えることが、成功を確かなものにする最も簡単な方法かもしれない。つまり、セッティング（場の設定）だ。

セッティングが重要な理由はいくつかある。最も重要にしてシンプルな理由は、技術的な問題があることがわかった場合に対処できることだ。むしろ、何らかの問題が起こるのが普通と言っていいだろう。テクノロジーも完璧ではない。時間ぎりぎりに部屋に入ったのでは、大あわてで問題に対処することになる。時間に余裕があれば、落ち着いて対処できるだけでなく、別の方法を考えることもできる。

早めに部屋に入って設定をすべて整えれば、落ち着くことができる。プレゼンにはストレスが伴う。技術的な問題は、そのストレスをさらに高めてしまう。時間的余裕はストレスの低下につながる。セッティングを済ませたら、深呼吸をしてノートを広げ、コーヒーを飲んだり、人と雑談したりできる。

セッティングについては、次のような事柄がポイントになる。

早めに入る

一番重要なのは、会議が始まる時間のかなり前に部屋に入ることだ。簡単なプレゼンで20分前が目安だろう。重要なプレゼンであれば、もっと前にする必要があり、場合によっては1時間かそれ以上ということもありうる。

ただでさえプレゼンにはストレスが伴う。時間に遅れそうになって、そのストレスを高めることは避けたい。フィナンシャル・タイムズ紙コラムニストのルーシー・ケラウェイは

「常に、無理があるくらい早めに入ること。時間のことで緊張に輪をかけてしまうリスクをゼロにするように」とアドバイスしている。[*1]

時間ぎりぎりに入ったのでは、調整する余裕がなくなってしまう。出席者たちが集まってきて、開始の時間が迫ってくる。そんな状況の中で、何かをやり直したり問題に対処するのは難しい。時間があれば、セッティングを手直ししたり、ＩＴサポートのスタッフを呼んだりすることもできる。必要に応じて段取りを変えることも可能だ。

私は何年か前、「スーパーボウルのＣＭ」というテーマで、ノースウェスタン大学の同窓生２００人以上を前にプレゼンをした。私は会場に入ってすぐ、パソコンの音声接続に問題があることに気づいた。ＣＭをスクリーンに映しても音が出なかったのだ。これでは話にならない。

しかし、時間は十分にあった。準備を見越して40分前に着いていたからだ。すぐそばにベストバイ（家電量販店）があることもわかっていた。そこでベストバイに駆け込み、高性能の「ポーク」のスピーカーを買って会場に戻った。スピーカーを接続して準備完了。参加者たちが入ってくるころには、私は運営スタッフと雑談をしていた。準備万端で余裕たっぷりという印象を与えたはずだ。実はスーツ姿で息を切らして走り、汗をかいていたことなど誰も知らないのだった。

通常のプレゼンでは、少なくとも45分前に会場に入るべきだ。出席者が入ってくるのは早くて15分前だろう。つまり、準備に充てられる時間は30分ということだ。

誰かに続いてプレゼンをする場合には、会場でその人のプレゼンを聞いておくべきだ。聞いている人たちの雰囲気がわかるし、自分のプレゼンで前の人の話の内容に触れることもできる。少なくとも、ジョークがかぶる心配はないと安心できる。

休憩なしで前の人に続いてプレゼンをしなければならない場合もあるが、これは望ましい状況ではない。テーマが変われば、聞く人たちも頭を切り替える時間が必要になる。それでも休憩なしの設定になっているのであれば、それに従うしかない。

その場合、前の人のプレゼンが始まる前に特に早めに会場に入り、準備を整えておく必要がある。進行をスムーズにするには、そうする以外に方法はない。

機器の確認

今はプレゼンに素晴らしいテクノロジーを利用できる。鮮やかな色でスライドを映し出せるし、動画も流せる。双方向のプラットフォームで聞いている人たちの反応もつかめる。スライドの切り替えも自由自在だ。まさに驚くべきことで、この先もますます進歩する一方だろう。

問題は、故障が起こりうることだ。プロジェクターが立ち上がらなかったり、画像のサイズがおかしくなってしまったりする。音が出ないことや、アンサーパッドが作動しないこともある。ITの問題に対応できる人を見つけることが問題になる場合もある。プレゼンに関する著書もあるキャリー・レムコウィッツが、こう言っている。

「どんなに先端的な企業でも、AVシステムが高度になればなるほど、その使い方を知っている人は少なくなる[*2]」

ITに関する問題は重大だ。誰かが機器のセッティングを直すまでの間、聞く側は待たされてイライラする。早く始まってくれないかと祈るばかりだ。こうした問題は簡単に防げる。あらかじめ、すべてをチェックしておけばいいのだ。

動画の確認

私の経験では、動画が最もトラブルを起こしやすい。したがって、プレゼンの前に特に念入りに確認しておく必要がある。

動画はプレゼンに活気を与える素晴らしいツールだ。面白い動画で笑いを誘ったり、悲しみや希望、勇気などを呼び起こす感動的な動画を使うこともできる。

問題は、動画には使いにくいという欠点があることだ。画像が映らなかったり、途中で止まったり、あるいは音が出なかったりする場合もある。音と映像がずれることも起こりうる。これは実に気に障る問題だ。

こんなことなら動画は使わないほうがいい、ということになる。動画を流そうとしてトラブルが起きれば、準備不足という印象は否めない。大事なものを見逃したという思いも引き起こしてしまう。

こうしたすべての問題を避ける方法は、プレゼンの前にすべてテストしておくことだ。何回か試して、問題がないことを確認する。問題のあることがわかったら、状況に応じて直すか動画の使用をやめるか判断する。

インターネットに接続する動画は特に問題が起きやすい。ネット接続に不具合が生じるかもしれないからだ。できればダウンロードしておくことだ。どうしてもプレゼンに使う必要がある場合には、絶対にダウンロードしておくべきだ。ネット接続に頼るのはリスクが大きすぎる。

音声のテスト

プレゼンは音声がなければ成り立たない。これは当然だ。ところが、現実には音声への配慮が驚くほどおろそかにされている。多くの場合、マイクを使うことが最善の選択肢となる。

プレゼンを始める前に、音量の調整に時間を割くべきだ。大きすぎて耳障りにならないように調節する。部屋に人が入ると音が吸収されるので、人がいない状態では少し大きめに聞こえる程度にしておくべきだ。プレゼンを始めてから音量を調節するのでは、時間が無駄になる。

後ろの方にいる人たちに「聞こえますか」と確かめるのは、望ましくない。気兼ねなどから、よく聞こえなくても大丈夫と言ってしまうこともあるからだ。相手に聞こえない場合、それは相手でなく自分自身の問題になるのだということを忘れないでおこう。音量の調整はとても重要だ。

全体を通しての確認

プレゼンの最初から最後まで全体をたどりながら、すべての要素についてチェックするのがベストだ。こうすることで、技術的な問題はすべてわかるはずだ。これはプレゼンの練習ではないので、全体を流してみるだけでいい。

スライドを映し、動画を流すなど、各段階での手順を追ってみる。アニメーションは想定どおりになっているか。私は最近、10のポイントを挙げていくプレゼンをした。10番目から一つずつ順に上がっていく流れで、6つめまでは順調に進んだ。ところが、そこで問題が起きた。次のスライドで「第2」のポイントが映ってしまい、次に「第4」「第1」、そして「第3」という順番になってしまったのだ。

プレゼンの最中に意見を聞いたりする場合には、参加者の名札を用意するかどうかも考えてみる。プレゼン。ホワイトボードを使うのであれば、書けるペンがあるかも確認する。そうした確認をしていくことで安心でき、プレゼンはうまくいくという自信につながる。

会場の設定

プレゼンをする際には、あらかじめ部屋のレイアウトを確認しておき、自分が一番使いやすいように調整を加える必要がある。

会場の設定には様々な形がある。円卓に椅子を並べるか、角形のテーブルにするか。横並びに座ってもらうか、車座になってもらうか。全員が前向きに座る教室型の部屋もあれば、グループごとに散らばるような職場型の部屋もある。

どのような形で座ってもらうかは、たいてい参加者の数で決まる。たとえば大人数の場合には、横並びの列で座ってもらう必要があるだろう。人数が少なければ、スペースに余裕があるので、いろいろな配置を考えることができる。

図表12-1

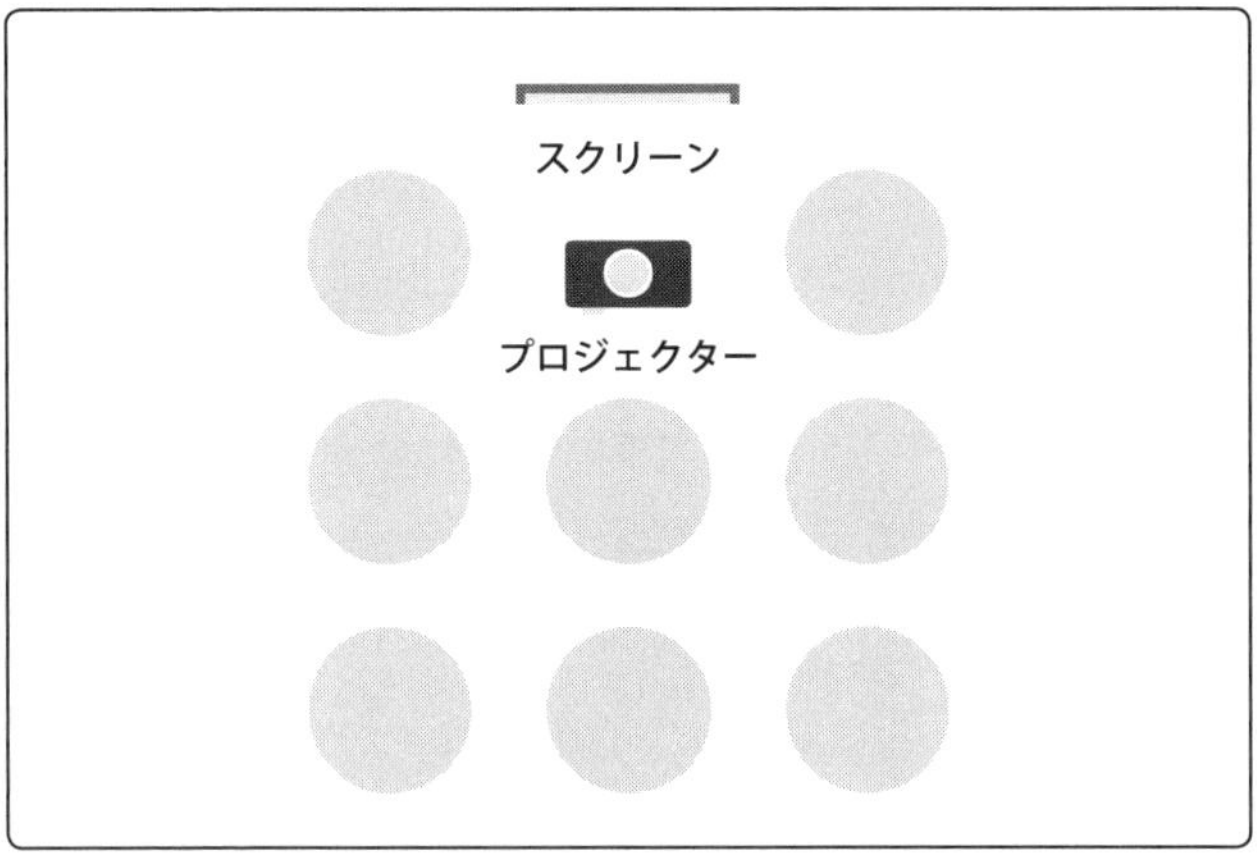

少人数のグループに分かれて話し合うことが必要になるプレゼンであれば、いくつかのテーブルが必要になるだろう。グループディスカッションはないのにテーブルをいくつも配置すると、一部の人が椅子の向きを変えて前を見なければならないことになってしまう。

自分のスペースを確保する

会場の設定をする際には、プレゼンをする自分のスペースのことをおろそかにしてしまいやすい。身ぶりや手ぶりも、プレゼンに関心を引きつけたり変化をもたせる上で重要な要素だ。そのためのスペースを確保しておく必要がある。

気をつけないと、テーブルの位置がプロジェクターとスクリーンに近すぎたりしてしま

図表12-2

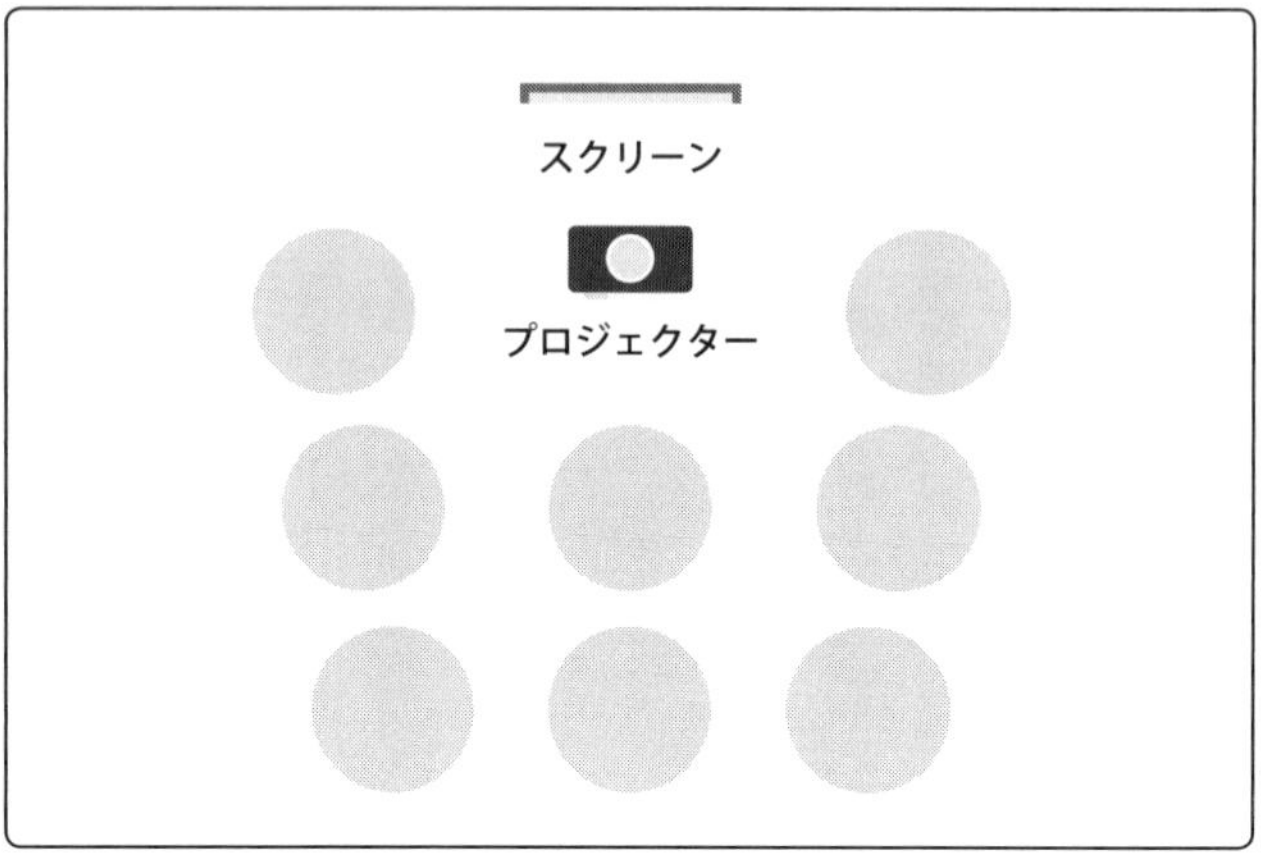

う。他の人に設定を任せると、こうした問題が起こりやすい。プレゼンをする人の視点で考えないからだ。たとえば、部屋の配置は図表12—1のようになるかもしれない。

この配置は問題だ。プレゼンをするあなたが閉じ込められてしまう。動けるスペースは1メートル四方ほどだろう。立てる位置はスクリーンの両脇のどちらかしかない。

すべてを1メートルほど後ろに下げて、スペースを確保したほうがいい（図表12—2）。これで自分が動けるようになる。前後に動けるスペースができ、プロジェクターをよけながら横に動くこともできるようになる。このほうが自然な形だろう。

ただし、テーブルや椅子の移動は出席者が部屋に入ってくる前にすることだ。かばんや資料などの荷物もあるので、人が来てからで

図表12-3

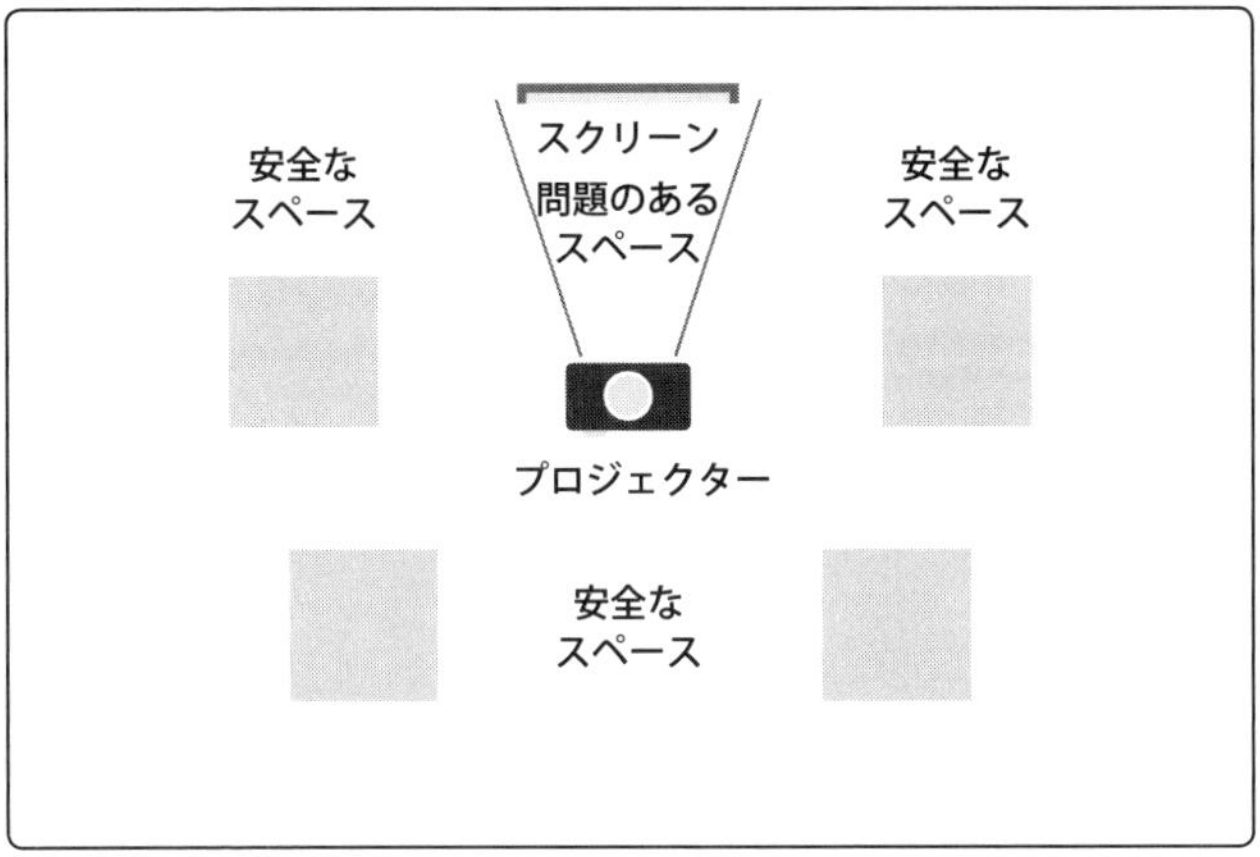

は大変な作業になってしまう。これも、準備に十分な余裕を見ておくことが重要な理由の一つだ。そうすれば調整も間に合う。

プロジェクターの確認

プロジェクターの位置も重要だ。

プレゼンの最中にプロジェクターの光をさえぎるのは好ましくない。かなり強い光なので、瞬間的に目がくらんで見えなくなることにもなりかねない。もちろん、映像を見えなくしてしまうという問題もある。

プロジェクターの前に立つのは完全な間違いだ。光をさえぎってしまうと、見ている人たちが顔をしかめるのが肌で感じられるほどになる。

プレゼンをする前にプロジェクターの前を

歩いてみて、強い光が感じられるかを確かめてみる。原則的に、強い光が目に入るのは光をさえぎっている位置にいることを意味する。「安全なスペース」と「問題のあるスペース」をわきまえるために、この「光のライン」を意識する必要がある。（図表12―3）

スクリーンの前を横切って移動する場合には、プロジェクターの後ろ側を回り込むようにして光をさえぎらないようにする。つまり、プロジェクターの周りにスペースが必要になるということだ。

ホワイトボードの用意

フリップチャート（イーゼル）やホワイトボードは、ほぼ必ずプレゼンに役立つ。ボードに書き込みをすることは、詳しい説明をするときに効果を発揮する。

したがって、あらかじめボードを使えるようにしておき、書けるペンがあることも確認しておくべきだ。ペンの確認は念入りに。油性と水性の区別もすることだ。ホワイトボードに油性ペンを使うのは禁物だ。

ホワイトボードと紙のフリップチャートの両方が使える場合にも、油性ペンは全部しまってしまおう。紙に水性ペンを使うのは望ましいことではないが、それで十分に用が足りるし、ホワイトボードに油性ペンを使ってしまうという間違いが避けられる。プレゼンの最中には取り違えが起こりやすい。それ以外のことに頭を使っているからだ。

色も大事だ。緑色や赤色で書かれた文字は好まれない。青色や黒色と比べて目立ちにくいからだ。

演台は片付ける

立派な演台が据えられた会場もある。堂々とした演台を使ってみたい気持ちになる。その上に自分のノートとパソコンを置き、両手を脇にかけて話すのだ。

しかし、それはやめたほうがいい。

それだけでなく、たいていの場合、演台を片付けてしまったほうがいい。脇に動かすか、収納スペースにしまうかするべきだ。とにかく演台は片付けてしまおう。

演台を使うと様々な問題が生じる。一つの問題として、話を聞く人たちとの間にバリアができてしまい、物理的にも心理的にも隔たりができる。深い対話ができにくくなってしまうのだ。プレゼンは相手とつながることが重要だ。関心を引きつけて、話に引き込む必要がある。演台はその邪魔になる。

演台があると、動けるスペースも限られてしまう。立つ位置を変えたり、聞いている人たちに近寄ったり離れたりすることもできない。ホワイトボードのところまで行くのも、スムーズに動けなくなる。腕を下げようとしても演台に当たってしまう。

最大の問題は、背中を丸める姿勢になってしまうことかもしれない。演台があると、どうしてももたれかかる形になりやすい。この姿勢ではテンションが下がるし、小さく弱々しく見えてしまう。

演台が大きいと、姿が少し隠れる形になってしまう。体が大きくない人にとって、これは特に問題になる。顔だけが上に出ているような状態では、印象として強いリーダーシップは感じ取れない。むしろ、どこか妙な印象を与えてしまう。アメリカの大統領選挙の候補者討論会では、かなり前の時点で各候補が演台の高さに注文を出している。

演台を片付けられないこともある。重すぎたり、床に固定されたりしている場合だ。そうした場合には、単純に無視して使わない、あるいは選択的に使うという方法を取れる。たとえば、最初のスライドの説明の時だけ演台を使い、後は演台の前に出て話すというやり方もある。こうすることで、舞台のスペースまで使いこなしている主役という印象を与えられる。

大事なのは、思い切って演台から離れることだ。少ししか離れていないと、踏ん切りがついていないかのような印象になる――まるでプールに入るのを怖がっている子どものように。

パソコンを置く場所

セッティングで見過ごされがちな事柄の一つに、パソコンを置く場所がある。演台の上やプロジェクターのテーブルなど、自分の前にパソコンを置こうとしがちだ。それが自然で、安心できると思うからだ。

しかし残念ながら、それは原則的に間違いになる。パソコンが自分の前にあると、プレゼンの間、その画面を見ようとしがちになってしまう。毎日、仕事でそうしているのだから、それが自然なことに思えてしまう。

しかし、パソコンの画面を見ながら話していたのでは、聞いている人たちとの間に距離ができてしまう。あなたは自分のパソコンを見ているが、聞いている相手はそうではないのだ。また、パソコンを見ていたのでは、立つ位置を変えることもできなくなってしまう。

自分の後ろのスクリーンを時々見るようにしたほうが、はるかに良いプレゼンになる。パソコンを見つめ続けているよりも自然な感じを与える。自分が話しているときには、聞いている人たちに自分の顔を見てもらい、スクリーン上の何かを指すときには、スクリーンを見てもらいたい。これは自分の体を動かすことで可能になる。プレゼンの間、あなたが聞いている人たちを動かしていくのだ。

こちらを見て、こちらを見て……今度はスクリーンを見て……またこちらを見て……またスクリーンに戻って。その「7」のところと、注目すべき棒グラフを見て……そしてまた、こちらを見て——。

一番いいのは、自分の目に入らないところにパソコンを置くことだ。脇にあるテーブルの上でも、スクリーンの後ろ側でもいい。そうすればパソコンを見ようとはしなくなる。

ただし、何か問題が生じた場合のために、そばに置いておく必要がある。私の場合、パソコンのコンセントを入れ忘れてしまうことが多く、プレゼンの最中にアラートが鳴ることがある。そんなとき、パソコンが近くにあればすぐに対処できる。

プレゼンの最中にパソコンのキーボードをたたくのは禁物だ。プレゼンが始まったら、話をする相手に注意を集中させなければならない。

タブレット端末へのペン入力にも注意が必要だ。プレゼンの最中に特定のポイントを強調するために書き込みをする、というアイデアは悪くない。しかし現実として、これはうまくいかない。どうしてもタブレット端末を見ることになるので、聞いている人たちとのつながりが途切れてしまうからだ。

コンフィデンス・モニターについて

プレゼンにコンフィデンス・モニターを使いたいと考える人は多い。自分の前に置くスライド確認用のモニター画面だ。これがあれば、後ろのスクリーンを振り返らずにすむ。モニターを見て話を続ければいいのだ。

しかし、コンフィデンス・モニターは使うべきではない。これを使うと、どうしてもその画面を見ながら話すことになりやすい。聞いている人たちも、それに気づく。たいていは下に置かれるので、うつむいて話すことになるからだ。上にある場合にも、上を向いて話すことになる。

いずれにせよ、聞いている人たちには見えないものを見ているという点が問題になる。つまり、つながりが切れてしまうということで、パソコン画面を見ながら話すのとほとんど変わらない。TEDカンファレンスのクリス・アンダーソンも、コンフィデンス・モニターの使用に批判的だ。

「(プレゼンをする人の)目線がステージの床の上か、聞いている人たちの頭よりも上に向けられることになる。不快感を与えることになりかねない」[*3]

コンフィデンス・モニターがある部屋でプレゼンをする際には、電源を切っておくか、それができない場合にはカバーをかけておこう。そうすれば、そこに目を向けることはなくなる。

メモを置く場所

たいていの場合、プレゼンはメモを見ながらすることになる。要点のまとめ書きやスライドのプリントアウト、あるいは重要な数字の抜き書きなどだ。詳しくは後述するが、正確な事実やデータをすらすらと口に出すことで、できる人という印象を与えられる。それにはメモ書きしておくことが役立つ。

会場の室内を見回して、メモを置く場所を考えておくべきだ。手に持つわけにはいかない。手にカードなどを持っていたのでは、自然な身ぶりができなくなる。すぐそばに置いて、いつでも見られるようにしておく必要がある。プレゼンの最中にメモを探すような失態は避けたい。

演台は使わないこと。演台の上にメモを置くのが自然なように思えるかもしれないが、それでは演台から離れられなくなってしまう。自分から動いて聞いている人たちの関心を引きつけようとしているときに、メモを見るために演台まで戻るようでは間が悪くなってしまう。メモを見ようとしているのは気づかれやすく、自信のなさや進行がうまくいっていないことの表れだと受け取られてしまう。

一番前のテーブルやプロジェクターのテーブル、あるいは椅子の上にメモを置くことを考えてみよう。具体的にどうするかは会場の設定しだいだ。何よりも大事なのは、自然に近寄って目を向けられる場所にメモを置くことだ。うろうろ歩き回るわけにはいかない。「どこへ行こうとしているのか」と思われてしまう。ポイントは「手近にある」ことだ。1メートル以内のところにあれば安心できる。プレゼンの途中でつっかえそうになったら、手近にあるメモを見て、すぐに流れを取り戻すことができる。

プレゼンをする他の人たちの椅子を確保しておく

プレゼンは他の人たちと一緒にすることも多い。たとえば自分は全体的な戦略の提案を担当し、別の人が実施計画について説明するといったように。

全員が立ったままプレゼンをする姿が思い浮かぶかもしれない。話をする人が1歩前へ出るという形だ。ビジネススクールの学生は、この形が好きなようだ。ケロッグ経営大学院の私の学生たちも、この形でプレゼンをすることが多い。チームのメンバーが支え合い、質問によっては助太刀もできるというわけだ。

私は最近、イギリスのケンブリッジ大学経営大学院の学生たちのプレゼンを見た。部屋の前に横一列に並び、それぞれ1メートルほど間隔を取っていた。

図表12-4

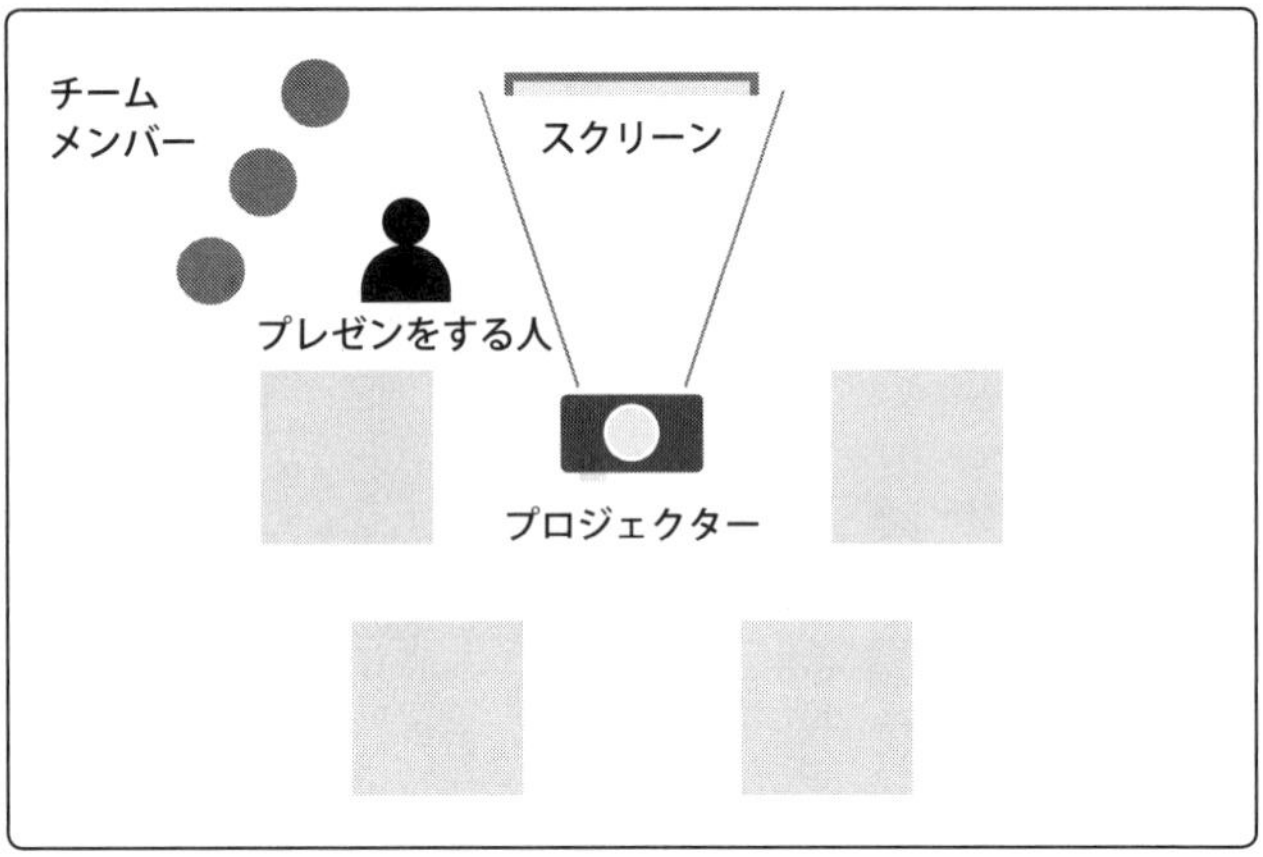

しかし、これはいいやり方ではない。何よりも聞く側の注意がそがれてしまう。プレゼンでは、話をしている人に注意を向けてもらうことが重要だ。それ以外のところに目を向けてもらいたくはない。他のメンバーを後ろに並ばせておくのは、聞く側の気を散らせようとするようなものだ。聞く側がチームメンバーの顔を見比べようとしたりするかもしれないし、メンバーの誰かが派手な服を着ていて目を引くかもしれない。腕時計や髪形にも同じことが言える。

さらに加えて、後ろに並んで聞いている人たちがプレゼンの活気を高めることは、ほとんどない。チームのメンバーはプレゼンの内容をもう何度も聞いて知っているはずで、新鮮味は何もない。となれば、どうしてもつまらなそうな顔になるだろう。

図表12-5

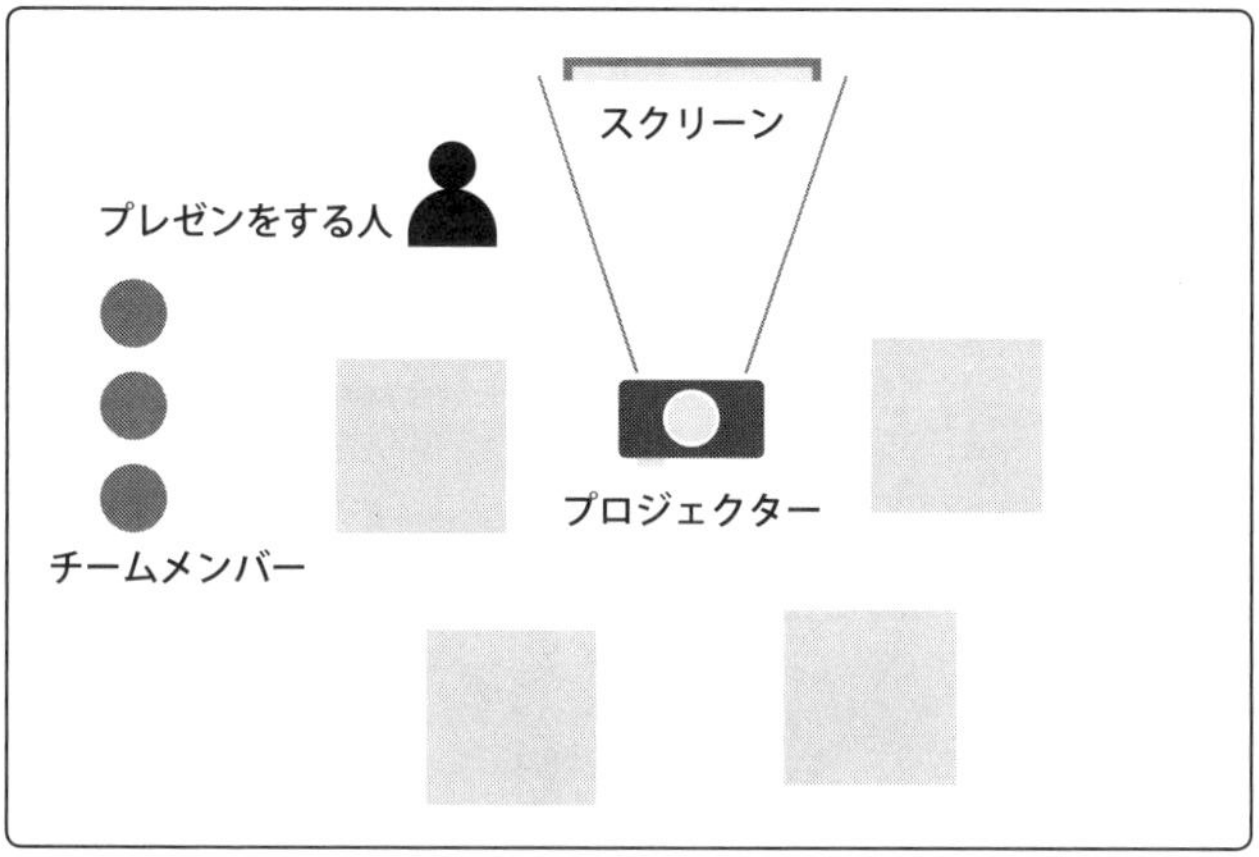

ぼんやりした顔で、夕食はどこで食べようかなどと考えたり、腕時計をちらちら見たりしてしまうかもしれない。最悪の場合、スマホでメールをチェックしようとしたりするかもしれない。これでは、チームメンバーも集中できないほど退屈なプレゼンだというメッセージを送っているようなものだ。

もう一つの問題は、プレゼンをする人の可動スペースが制限されてしまうことだ。部屋としてはかなりのスペースがあっても、4人が並んで立つと一気に狭くなる。プレゼンをする人が閉じ込められたような状態にもなりかねない。

図表12―4を見れば問題点がわかる。プレゼンをする人が完全に囲い込まれてしまっている。左側はプロジェクターがあるので動けず、右側にもメンバーが並んで立っている。

つまり、1カ所に閉じ込められた状態だ。

プレゼンをする人だけが「舞台」に立つようにする。ということは、他のメンバーが座る場所を確保しておく必要がある。椅子を壁の前に並べるのがいい。図表12—5に示したように、邪魔にならない位置で、自分の番が来たらすぐに交代できる。

照明の調整

照明はプレゼンに大きく影響する。照明によって雰囲気が変わるからだ。照明が不適切だと、完璧な内容のプレゼンも台無しになってしまう。

理屈の上では、照明は複雑な問題ではない。スライドがスクリーンに映るように照明を落とすと同時に、聞く人たちがメモを取ることができ、眠くなったりもしないように、ある程度の明るさを確保するというのがポイントだ。問題は、そのバランスを取ることだ。

何よりも大事なのは、聞いている人たちの顔が見える明るさにすることだ。反応を読み取ることは必須だ。誰かが首を傾げているなら、すぐにそれがわかるようでなければならない。説明を理解してもらえているか、聞いて確かめる必要がある。退屈している様子がうかがえれば、テンポを上げるようにするべきだ。

照明が暗いと、聞いている人たちの表情が読み取れない。つまり、フィードバックが得られない状態になってしまう。また、メモが取れないという問題もある。

照明を完全に落としてしまうのは最悪だ。双方向の議論であるべきものが、聞いている人たちの顔がまったく見えないブロードウェイのショーのようになってしまう。

その一方で、スクリーンのスライドが見えないような明るさも避ける必要がある。動画を使う場合、これはなおさら重要になる。照明が明るすぎると、もっと暗くしてほしいと言われるかもしれない。その場合、明るさの微調整ができずに一気に暗くしてしまうことになりかねない。

理想的なのは、スクリーンがある位置の照明だけ暗くできることだ。

あらかじめ設定されている照度調節のレベルにも注意が必要だ。たいていの場合、照明技術の専門スタッフによって設定されているので、必ずしもプレゼンにはそぐわない。私の経験では、「低」照度の設定にすると暗くなりすぎることが多い。スクリーンは見えやすくなるが、聞く人たちの顔が見えにくい状態になってしまう。照度調節の設定をうのみにしないことが肝心だ。

照度調節の設定を完全に無視する必要が生じる場合もある。私はプレゼンをする前に、まず照度調節ができることを確認した上で、別の選択肢についても考えてみる。たとえば、電子黒板の前だけ照明を少し落とせないか。あるいは、部屋の後ろの方をいくらか明るくできないか。

最適な明るさはプレゼンの前後で変わるかもしれない。たとえば会議が始まる前には、できるだけ明るくしておきたいだろう。であれば、すべての照明をつけておくことだ。明るさは活気を生む。暗い部屋に入るのは気が進まないものだし、眠気も誘われてしまう。そして開始の直前、スクリーンの上の照明を落としてプレゼンのモードに入る。プレゼンが終わったら、また明るさを元に戻す。

明るさの調整は、会議のかなり前に済ませておくべきだ。調整をしている最中に出席者が入ってくるのは望ましくない。照明をつけたり消したりしていると、あたふたしている印象を与えてしまう。出席者が入ってくるまでに、明るさをどうコントロールするかを確実に決めておくべきだ。

時計を用意する

時間も重要な問題だ。出席者の予定を大事にしなければならない。定刻どおりに始め、定刻どおりに終わる。そのためには時計を見る必要がある。部屋の奥側の壁に大きな時計があるのが一番望ましい。自分からは見えるが、聞いている人たちには見えないという位置関係だ。それがない場合には、電池式の置き時計かスマホを自分の前のテーブルの上に置く。これで簡単にペースを確認できる。

腕時計は使わないように。時計を見るたびに聞いている人たちが気づき、「なぜ時間を気にしているのだろう。退屈しているのか」などと思われてしまう。誰かが質問をしているときに腕時計を見れば、「この質問は重要ではない。時間の無駄だ」というメッセージを送っていることになる。こんなメッセージは送りたくないだろう。

腕時計を使うしかないという場合には、腕から外して自分の前のテーブルの上に置き、話しながらさりげなく目をやって時間を確認するようにすることだ。

スペースを歩いて確かめる

障害馬術競技に出場する選手は、あらかじめコースを確認する。乗馬服に身を固めた選手たちは、実際にコースを歩きながら一連の障害物と経路をチェックし、どのような角度で入るかなどを考える。これが競技前の準備だ。準備ができるのは、コース設定がわかっていればこそだ。

プレゼンでも同じように、会場のスペースを実際に歩いて確かめることが大事だ。ＩＴ機器や会場のセッティング、照明などの確認ができたら、この作業に少し時間を割いておこう。自分が立つ部屋前方のスペースを実際に歩いて確かめたら、次に部屋全体を歩いてみて見え方や角度を確認してみる。その際、すべての椅子に人が座ることになるのを考慮に入れる。

実際に人が座った状態になると、テーブルとプロジェクターの間のスペースはかなり見え方が変わる。

プレゼンの前に、スペースを歩いてみながら、次のような点について考えるべきだ。

●自分が動ける十分なスペースがあるか。
●それぞれの方向にどれだけ動けるか。
●スクリーンの片側から反対側まで移動できるか。
●フリップチャートやホワイトボードまで動けるか。
●座っている人たちから、どのように見えるか。
●最後列の人も前が見えるか。

自分のスペースを実際に歩いてみることによって、動ける範囲を確認できる。そうすることで、安心してプレゼンをスムーズに進められるようになる。つまり、成功への準備が整うということだ。

13

自信をもってプレゼンをする

すべての準備と努力を経て、いよいよプレゼンテーションに臨むことになる。

十分な準備をしていれば、実際のプレゼンそのものは無事にこなせるはずだ。プレゼンで示す提案には確かな裏付けがあり、資料やスライドも練り上げられているので、賛成が得られるはずだ。会場のセッティングも万全で、すべてが整っている。きっとうまくいき、成功するはずだ。もう仕事はほとんど終わっている——。

それでも、実際のプレゼンは重要だ。最後の瞬間まで、歯車が狂うということも起こりうる。提案に対する意見を翻す人が出てくるかもしれない。他部門の担当者の反応を読み違えていて、見込みどおりの支持が得られないかもしれない。

プレゼンは極めて重要な時だ。プレゼンがうまくいけば、提案に承認を得て、自信と自分のブランドを高めて部屋を出ていくことになる。そのような成果を上げなければならない。

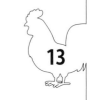

緊張

大勢の人を前にプレゼンをするときには、ほぼ誰もが少なくともある程度、緊張するものだ。平然と話せる人はごくまれだ。

プレゼンを頻繁にしている人たちでも緊張と闘っている。フィナンシャル・タイムズ紙のコラムニスト、ルーシー・ケラウェイはこう言っている。

「私もほとんどの人と同じように、人前に出て話すのはクモより怖い。暗い裏道で強盗に遭いそうだという状況より怖いかもしれない」[*1]

アカデミー賞にも輝いた女優のオクタヴィア・スペンサーも同じ不安を抱えている。

「いまだに舞台に出ると、あがってしまう。観客の前ではどんな場合にも。すごい汗が出てきて、心拍数が本当に、本当に上がってしまう。いつも必ずそうなって、不安は消えない」[*2]

プレゼンには必ず不安がつきまとう。「プレゼンに自信がある」グループに属する人たちでも緊張する。ただ、その度合いが他の人たちよりも弱いだけだ。「プレゼンが苦手」な人たちは恐怖を感じるかもしれない。

私にこう話す学生が多い――「人前に出るのは苦手です。とても緊張してしまうので」。

この言葉の根本には、プレゼンが得意な人は緊張せず、プレゼンの苦手な人が緊張するという思い込みがある。つまり、緊張するのはプレゼンが得意ではないからだということになる。

この論理は間違っている。緊張するかしないかはプレゼンの腕に関係しない。実際に私は、極度のあがり性なのにプレゼンがとても上手な人たちを知っている。逆に、まったく緊張しないのにプレゼンがうまくない人たちがいることも知っている。自信過剰で横柄な印象を与えてしまいがちだからだ。

緊張したほうがいい

ほとんどの人はプレゼンで緊張するが、実は緊張するべきなのだ。大勢の人の前に立つのは平然とできることではない。全員の視線があなたに向けられる。これでうまくできるのかとプレッシャーがかかる。「ほとんどの恐怖症と異なり、人前で話すのを恐れるのは至極当然のことだ」と、ルーシー・ケラウェイは言っている。[*3]
経営コンサルタントで講演家のスコット・バークンは、プレゼンで緊張を感じることは人間の性質と深い関係があると指摘している。
「私たちの脳は、隠れる場所がないオープンな空間で武器を持たず、たくさんの目が自分を見つめるなかで独り立つことに、恐怖を感じるようにできている」[*4]

私は20年間、ビジネススクールで講義をしている。合計で４０００回以上、授業をしている。これだけ長い時間を教室で過ごしていながら、いまだに授業の前には緊張する。

まず、緊張するのは自然なことだとわきまえることだ。緊張しないでプレゼンをしようなどと思ってはいけない。広告代理店の経営トップであるキャリー・レムコウィッツは、「緊張するな！」と言うのは世界一ひどいアドバイスかもしれないと言っている。

「『緊張するな』などと言えば、相手を動揺させてしまう[*5]」

緊張は自分を助けてくれる

幸いなことに、緊張はプラスに働きうる。不安はモチベーションにつながる。説得力のあるストーリーをまとめ上げ、作った資料に間違いがないか確認し、事前に提案を売り込んでおくという準備を万全にしようという姿勢を生み出しうるからだ。ルーシー・ケラウェイはこう説明している。

「不安が惨憺たる結果を防いでくれる。自分では面白いと思っていても相手をからかうような余計な話をしようとしなくなるからだ[*6]」

不安はエネルギーにもつながる。緊張すると神経が研ぎ澄まされて敏感になる。気持ちも高まる。こうしたエネルギーがプレゼンを良くすることにつながるのだ。そのエネルギーをプレゼンに生かすようにすればいい。スコット・バークンはこう言っている。

「人前でも平気で話せるようなふりをすると、自分の体が与えてくれる自然なエネルギーが得られなくなってしまう」[*7]

ストレスを前向きに捉えれば、自分の考え方を完全に変えることができる。緊張することはプラスになる。健康心理学者のケリー・マクゴニガルは、２０１３年のＴＥＤカンファレンスでの講演でこう言っている。

「ストレスについて自分の考え方を変えれば、ストレスに対する体の反応を変えられる。ストレスを感じたら、『この状況を乗り切れるように体が助けようとしてくれているのだ』と考えるべきだ」[*8]

自信が物を言う

プレゼンで緊張するのはほぼ避けられないとしても、やはり自信をもって臨みたい。緊張と自信というのは、矛盾するように思える取り合わせだ。自信は成功へのカギだ。うまくいくと思いながらプレゼンをすれば、勢いが生まれる。いくらかリラックスもできる。心が開かれた状態になり、意識が自分自身に向かうのではなく、プレゼンの内容と聞く側の人たちのことを考えられるようになる。

その逆のことも起こりうる。心配と不安にさいなまれ、「このプレゼンはうまくいかない」とか「しくじるのはわかっている」「このポイントを忘れてしまいそうだ」などと思ってしまう。

うまくいきそうにないと感じると、自信が薄れてしまう。そして緊張が高まり、不安がさらに強くなる。胸が締め付けられるような状態になり、意識が自分自身に向かってしまう。汗が出てきて、滑らかに話せなくなる。すると早口になってしまい、それに気づいてペースを落とすが、不自然なありさまになっていることに気づく――。

しかし、強い自信と強い緊張は併存しうる。緊張と動揺、不安を感じる一方で、このプレゼンはうまくいくという自信がある状態だ。私は毎年、「シカゴ・トライアスロン」の前にそんな状態になる。水に飛び込む前には不安で心配になる。しかし、最後まで乗り切れるという自信ももっている。もう15年近くやっているので、完走できることはわかっているのだ。

重要な視点

自信を高める一つの方法は、こう思い起こすことだ――このテーマについて、私は聞く側の人たちよりも詳しい。

ほぼどんな場合にも、このことは当てはまる。たとえば、自分が担当している国での事業の業績について地域の統括責任者にプレゼンするという場合、あなたのほうが深い知識をもっている。それというのも、あなたはその一国を仕事のすべてにしているのに対し、統括責任者はいくつもの国について見なければならないからだ。

ＣＥＯ（最高経営責任者）に大学でのリクルート活動の動向について報告する場合も、同じことだ。ＣＥＯのほうが経験豊富で視野も広いかもしれないが、このテーマについては自分のほうがよく知っている。何年か前にリクルート活動を担当していた相手であっても、自分のほうが最新の情報や傾向に精通しているのだ。

このことをプレゼンの前に思い起こせば、正しい心構えになれる。自分自身にこう言い聞かせよう。

「このテーマで自分の右に出る者はいない。私が世界を代表する専門家だ」

空元気を出すというのではなく、たいていの場合、実際にそのとおりなのだ。

私自身、「Ａ１ステーキソース」の仕事でこのことを実感した。Ａ１は業績がとても良く、重要なブランドだった。クラフトはナビスコの買収でＡ１を傘下に収めた。それまでの担当チームが会社に残らなかったこともあり、事業責任者になった私はほどなく、自分がクラフトの誰よりもＡ１について知る人間になったことを悟った。

そんな立場になった私はチームのメンバーとともに、事業運営に関する一連の改善計画をまとめ上げた。メディア予算を増やし、新たな顧客層に訴えかける広告キャンペーンを展開することや、伸び悩んでいるマリネードソースのテコ入れなどを提案した。

そうした提案を一つずつプレゼンしていったが、どれもうまくいった。その大きな理由は、計画の内容に自信をもてていたことだ。私がA１の事業について上司よりも、そしてそのまた上司よりも熟知していることはわかっていた。あとは自分の考え方と論理を説明すればいいのだった。

気持ちを高める

あなた自身の気持ちがプレゼンに大きく影響する。したがって、正しい心構えをもつことが重要になる。その方法は人によって様々だ。外向的な性格の人は、チームメンバーと一緒に気持ちを高めようとするかもしれない。内向的な人はまったく逆に、一人で集中力を高めようとするかもしれない。

方法の一つとして、音楽を使うことができる。ケロッグ経営大学院のデレク・ラッカー教授とローラン・ノードグレン教授は最近、他の研究者数人と共同で音楽が感情に与える影響について調べた。一連の興味深い研究の末、チームは一定の種類の音楽が力強さと自信の感情を生み出すことを確認した。クイーンの「ウィ・ウィル・ロック・ユー」のようにベースが力強く鳴り響く楽曲は、特に気持ちを力づけるという。[*9]

最初は力強く

プレゼンの最初の数分間が一番肝心で、うまくスタートを切れるようにしたい。それには2つの大きな理由がある。

まず、スタートが良ければ勢いに乗れる。それで緊張がほぐれ、自信がわいてくる。そして、さらに勢いが増すことになる。

2つめの理由は、聞く側が最初の部分で見極めをつけようとすることだ。信用できる内容なのか。重要なテーマであるのか。行動経済学者のダニエル・カーネマンがこう言っている。「ハンサムで自信に満ちた人がステージに駆け上がると、観客はその人を買いかぶることになる[*10]」

そうした判断は、かなり短い間に下される。コメディコンビ「ペン&テラー」のペン・ジレットの言葉を借りれば、「ステージに出て、観客に『これは見ものだ』『面白い』と思わせるのは2分間の勝負だ[*11]」。

ジレットの見立ては、実際には甘いほうかもしれない。研究結果から、人々はわずか数秒で判断を下すことが示されている(意見がいかに短時間で形成されるかについては、18章で取り上げる)。

ふさわしい服装で

服装もプレゼンの印象に影響する。プレゼン上手の人たちは、この点も心得ている。イギリスの名宰相ウィンストン・チャーチルは、装いと身ぶり、象徴を含めて注意深く自分のイメージを作り上げていた。スティーブ・ジョブズは洋服を自分のブランドの確立に使った。パーソナル・ブランディングの専門家、ブレンダ・ベンスがこう言っている。「頭のてっぺんからつま先まで、人は何よりもまず見た目で判断するというのは冷酷かつ厳然たる事実だ。私たちの誰もがそうしている。これは単純に人間の性質なのだ」[*12]

どの服を着るか、注意深く考えよう。「服装は物を言う。深く考えずに成り行きで服を選ぶべきではない」と、『リンカーンのように立ち、チャーチルのように語れ』の著者ジェームズ・ヒュームズは言っている。[*13]

プレゼンをするときには、ニューイングランド・ペイトリオッツのジャージや「親が休暇でハワイに行き、このくだらないTシャツを買ってきた」と書かれたシャツは家に置いておく。装いを整え、気を配っていることがわかるようにしよう。

職場の環境も考慮に入れる必要がある。たとえば、ハーフパンツが当たり前で、ＣＥＯがサンダルを履いて会議に出てきそうなカジュアルな雰囲気の会社であれば、ネクタイをするべきではない。

基本的な原則として、プレゼンをする相手よりも少しフォーマルな服装にするべきだ。上級副社長がジーンズを履いているのなら、きちんとしたウールのズボンを履く。CEOがスタイリッシュなスーツを着ていれば、自分もスーツを着るようにするべきだ。

立ち上がる

プレゼンはほぼ例外なく立ってするべきだ。時間になったら、席から立ち上がり、部屋の前へ出ていってプレゼンを始める。立って話すべき最大の理由は、それによって自分が場をコントロールできるからだ。自分だけが立ち、それ以外は全員座っている状況であれば、自ずと自分に注目が集まる。視線が自分に集中し、議論をコントロールする主導権を握れる。

座っている人たちの前に立つと、誰でも強い立場に立てる。テンポを速めたり遅らせたり、意見を求めたり求めなかったり、意のままに振る舞える。相手が話しているときにうなずいて意見を促したり、目線を外して話を抑え込むこともできる。ホワイトボードを使うのも使わないのも自分の考え一つになる。

座っていると、そうした影響力の大部分が失われる。そもそも、その場で最も地位の高い人の意向が注目されがちなので、その人に議論の主導権を握られてしまうかもしれない。相手が話しているのをさえぎることも、はるかに難しくなる。誰かが延々と持論を述べるのを、

図表13-1

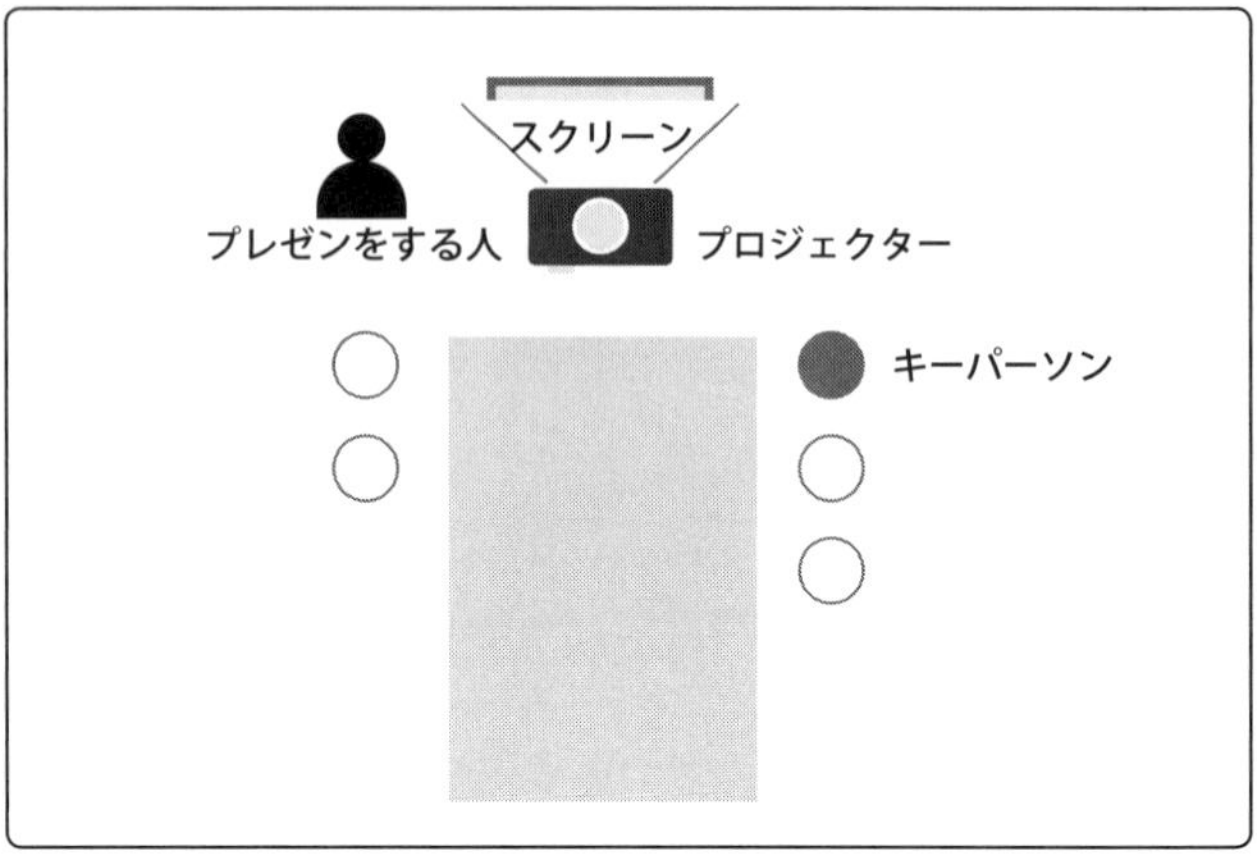

テーブルの反対側に座ったまま黙って見ているというような状態だ。

ただ、チーム内の会議であれば話は別だ。その場合には座ったままでいたほうがいいかもしれない。チームのメンバーを関与させ、団結と意気を高めることが目的となるからだ。座っていたほうが意見を引き出しやすく、議論が深まりやすい。

自分の場所を見つける

プレゼンを始める際には、自分が正しい位置に立っていることを確認することだ。見極め方はごく簡単だ。

覚えておくべきことは3つある。第一に、自分が注目の的になる位置であること。つまり、目立つ位置を見定めておく必要がある。

図表13-2

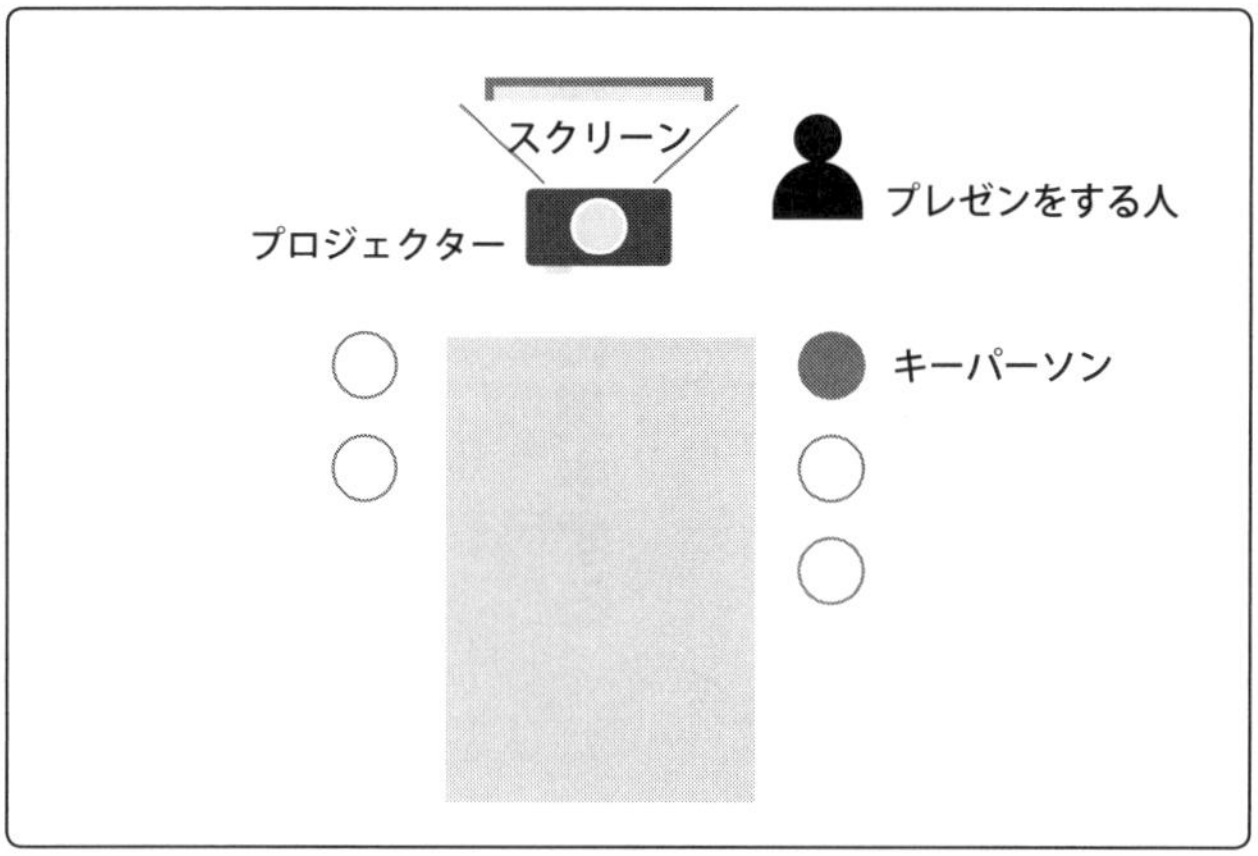

話を聞く人たちの視線がおのずと集中する位置は？　立つべき位置はそこだ。

第二に、カギを握る相手から対角線上の位置に立つこと。どんな場合にも必ず、カギを握る人がいる。たいていは最も地位の高い人だが、それ以外に特に大きな影響力をもつ人がいる場合もある。

そのキーパーソンと同じサイドに立ってしまうと、図表13―1に示したように、その人とスクリーンの間に立つ位置関係になってしまう。これは禁物だ。

対角線上に立てば、キーパーソンはスクリーンもあなたもよく見える。こうなるようにするのが鉄則だ（図表13―2）。

そして第三に、プロジェクターの前に立たないようにすること。プロジェクターの前に立ってしまうたびに、あなたはいかにも稚拙な印象を与えることになる。あなたの胸に文字が映って異様な光景になるし、プレゼンの流れが滞ってしまう。強い光が自分の目に入ることにもなる。まぶしくて目がくらみ、調子が狂ってしまう。

もちろん、正しいセッティングをして自分の動けるスペースを確認しておけば、何も問題は起こらないはずだ。どこに立てばいいか、どこまで動けるか、もうわかった状態になっているのだから。

最初の数ページに集中する

スライドの最初の数ページでプレゼンのトーンが決まる。したがってプレゼンの準備と練習において、この部分に特に力を傾けるべきだ。

実際にプレゼンをする際、始め方にはいくつかの方法がある。その一つは、何か突飛で劇的なことをして全員の注意を引きつけることだ。あるいは、その会議の目的と議題を示すことから始め、全員に腰を据えさせるという始め方もある。

私のアドバイスとしては、すぐに要点に入って、会議の目的を強調するのがいいと思う。地味なやり方だが効果的だ。定石どおりなので、問題を引き起こすことにはならない。安全な策だ。

劇的に始めるのは難度が高く、リスクも伴う。まず問題点として、常に意表を突くやり方を考え出さなければならない。大きな会社や組織ではプレゼンの頻度が高く、週に何度かする場合もある。そのつど、あっと驚かせる始め方ができるだろうか。

さらに加えて、会議は場の空気が落ち着かないうちに始まることも多い。まだ誰かが隣の人と話をしていたり、スマホでメールをチェックしていたりするような状態だ。遅れて入ってくる人もいるだろう。上映が始まる前に扉を閉める映画館とは違う。こういった要因のすべてが、あっと言わせる始め方を難しくする。

さらに大きな問題点は、劇的な始め方にはリスクが伴うことだ。驚かせるやり方は当然、常に初めてのものでなければならず、したがってうまくいくという保証はない。つまり、外してしまって出だしでつまずく危険が少なからずある。まるで受けない劇的な幕開けほどひどいものはない。

したがって安全に、理にかなったやり方でプレゼンを始めるほうがいい。「最優秀ドラマチック・パフォーマンス賞」を勝ち取ろうとしているのではなく、自分の提案に賛意を得ることがプレゼンの目的なのだ。

劇的な始め方が受ける相手であることがわかっている場合には、もちろんそうすることもできる。なんといっても大事なのは、プレゼンを聞く人たちに気に入られて気持ちをつかむことなのだから。

物語を伝える

プレゼンとは物語を伝えることだ。スライドの1ページごとに要点を説明し、その裏付けとなるデータを示していく。重要なデータなどに注意を引きつけ、自分の分析内容について説明するのだ。

スライドを読み上げない

スライドを見ながら、そのまま内容を読み上げれば、何も考えずに文字を読むだけですみ、話は簡単になるように思える。

しかし、それは禁物だ。聞いている人たちもスライドは読める。小さな子どもを相手にしているのではないのだ。スライドの新しいページが映し出されると同時に、聞く側はそれを読もうとする。もう読み終わったことを読み上げたのでは相手を退屈させ、緊張のあまり形式張ったプレゼンをしていると思われてしまう。

スライドを読み上げるのではなく、そのページの内容について説明するべきだ。まず最初は、最大の要点であるはずの見出しについての説明だ。補足的な説明をした上で、そのページの他の内容について話を進めていく。

目を合わせる

プレゼンの上手な人は聞いている人たちの目を見て話す。ただ顔を見るだけで、心理的なつながりが生まれる。

これは当然のことだ。誰かに物語を聞かせるときには、おのずと相手の目を見て話すことになる。相手が人ではなく、たとえば果物に物語を話すのは難しい。相手の反応を見ながら、聞いていることを確かめつつ話していくのが自然な形だ。ＴＥＤカンファレンスのクリス・アンダーソンも、この点についてこう言っている。

「ＴＥＤで講演する人たちには直前のアドバイスとして、何よりも聞いている人たちと目を合わせるように助言している」[*14]

バランスが重要だ。つながりをもてるように目を合わせるわけだが、じっと見つめすぎてしまうと気まずさを感じさせてしまう。ケロッグ経営大学院でコミュニケーションのスキルを教えているシェイナ・キャロルは、ひとまとまりの語句を言い終わるまで１人の顔を見た後、別の人の顔に目を移すのがいいと勧めている。

自分のプレゼンに自信をもつ

準備した内容から外れないようにしよう。入念に練り上げてあるはずなのだから、自分自身とプレゼンの内容に自信をもとう。

それは、スライドのページの順番どおりに話を進めていくことを意味する。聞く側も安心でき、あなたは本来の流れに沿ってプレゼンを進めていける。本来の流れから外れることは問題の発生を意味する。

たとえば、5ページ目から10ページ目に飛ぶようなことがあると、聞く側は何か問題があったとしか思えなくなる。準備不足で話が前後する状態になっているのだと思われるかもしれない。だらしのない人間と思われることにもなりかねない。

話の順序が定まらないようでは、整理ということができない人間だと見られても仕方がない。自信と能力のある人は、こんなことはしない。7ページ目が3ページ目より前にあったほうがいいというのなら、それは準備段階で気づいているべきなのだ。

スライドと同じ資料を事前に渡してある場合には、特にプレゼンの流れを守ることが大事になる。プレゼンで何ページか飛ばしてしまうと、聞く側は話の脈絡がわからなくなるかもしれない。そのページまで資料をめくろうとする人がいる一方で、飛ばされたページの内容を読まなければ話についていけなくなるとあわてる人もいるだろう。いずれにせよ、準備した流れから逸脱するのは良い結果につながらない。

厳密な事実と数字を使う

プレゼンで最も重要な事柄の一つは、十分な知識をもっているという印象を相手に与えることだ。当該の事業について熟知していると思われる必要がある。大半の場合、実際にそのとおりなのだから、あとは印象に実体を伴わせることが仕事になる。

賢く思われるには、関係する事実や数字を知っておかなければならない。データを理解することは極めて重要だ。

そこで問題になるのが、事業について熟知するにはデータが多すぎるということだ。データはほぼ無限にある。すべてを知ることはできない。それと同時に、数字を間違えることも問題につながる。信頼性が傷つくからだ。では、どうすればいいのか。

賢くて十分な知識もあると思われるには、3つの簡単な方法がある。第一に、一般的な言葉を使って話の輪郭をぼかすことができる。これで間違いを犯すリスクを抑えられる。具体的な質問をされることもある。たとえば、部門責任者から「昨年のオーストラリアでの売り上げが占める割合は?」と聞かれるかもしれない。これは厄介な問題だ。答えは一つで、箇単に確認することもできるからだ。この質問に、どう答えればいいのか。

第一の選択肢は、単純に「わかりません。後ほど調べて、お知らせします」と答えることだ。これはひどい答えではない。正直に真正面から質問に答えているからだ。問題は、これでは賢く見えないことだ。日頃から信頼できる人と思われている場合には、この程度は問題にならないかもしれない。しかし、信頼性に問題があると思われていると、「やっぱり」ということになってしまう。

もう一つの選択肢は、懸命に思い出してみることだ。そして、「オーストラリアは2017年の売り上げ全体の8・2%を占めています」というように答える。だが、これは百パーセントの自信がある場合に限られる。実際には7・6%だったとしたら、あなたは問題に直面することになる。最悪なのは、別の人に「いや9・8%だ。ここに資料がある」などと言われてしまうことだ。こんなことは避けたい。

最善の選択肢は、ぼかして答えることだ。「8%ほどだったと思います」と言えば安全だ。確度に問題はあっても十分な知識をもっているように見られる。

第二の方法として、重要なデータをスライドに盛り込んでおくことができる。そうすればスクリーンを見て、すぐにその数字を答えられる。

すべてのデータをスライドに盛り込むことはできない。詰め込みすぎた資料になってしまうからで、これは避けたい。この種の数字は、自分が説明に使ったり、質問に答えて挙げたりするためのもので、聞く人たちのためのものではない。「ビジュアルな材料は聞く側に示すためでなく、自分自身のための大きなノートなのだ」と、キャリー・レムコウィッツは言っている。

「自分の肩越しにスクリーンをさりげなく見て、さも頭の中に入っていたように話し、言葉を変えてスライドの内容を何気なく話すことができる」[*15]

第三の方法は、重要な数字を書き出したメモを目の前のテーブルの上に置いておくことだ。多くの面で、これが最善の方法となる。

メモは手に持たないようにする。うまくいかないわけではないが、重要なのは深い知識をもっているという印象を与えることだ。事業について熟知しているので数字を言える――「もちろん2018年の中部地区の増収率は知っています」というように。手に持っているメモを見るようでは、数字を知らないことがわかってしまう。

もう一つのアドバイスとして、メモは大きな文字で書いておくこと。かなり離れたところからでも読めるようにするためだ。小さな文字だと、近づいて目を細めて見るようなことになってしまう。大きめに読みやすく書いておけば、かなり離れていても読み取れる。たいていの場合、数字はもう頭に入っているが念のためにメモで確認するという形になる。

このような方法を活用するためには、そもそも重要な数字を正確につかんでおく必要がある。その数字が正しいことを完全に確信できていなければならない。信頼できるデータ源からの数字であることを確かめ、それぞれの数字が正しいことを確認しておくべきだ。

さらに、プレゼンを聞く人たちの想定を超える知識レベルの数字であるべきだ。そして、脈絡のない数字を集めるのではなく、重要なデータに絞り込んでおく。

その上で、説明の最中や質問に答える際に、そうした数字をさりげなく口に出す。たとえば、価格の引き上げを提案しているのなら、「向こう（ライバル企業）は2012年に3・4%、17年にも4・1%の値上げをしています」と言う。商品のラベルの刷新を提案しているのなら、「ラベルの刷新は過去30年間に3回しています。1994年、2008年、2014年です。最も大がかりだったのは色を青に変えた2008年の刷新です」というように。正確な数字をさりげなくちりばめるのだ。

このようにすることで、事業について熟知しているという印象を与えられる。聞く側は「本当に商品のことを知っているマネジャーだ。これはすごい」と思うだろう。あくまでも、完全に正しい数字を使うことが重要だ。

プレゼンをしながら、その場の空気を読み、それに進め方を合わせていくことが重要だ。聞いている人たちの顔を見ることで、何を考えているかを読み取ることができる。そして、それに合わせてプレゼンを調整する。

最も読み取りやすいのは、いら立ちだ。もっと早く話を進めてほしいというのは、かなりわかりやすい。話を聞くことに集中せずに、何か別のものに目をやっているような状態だ。資料のページをめくって先を見たり、スマホを見たりしているかもしれない。どれもはっきりしたサインだ。

このようなサインが表れたら、プレゼンのペースを上げなければならない。といっても、スライドのページを飛ばすのは、別の問題が生じることになるので禁物だ。見出しにした要点だけを説明したり、手短かに裏付けのデータに触れたりして、次のページに進むという形になる。

ペースが速すぎると思われている場合も見分けやすい。前のページに戻ったり、次のページに進むのを待つよう求めたりするかもしれない。資料を渡してある場合には、前のページで止まったままになったり、ページをめくるのが遅れたりすることで見極めがつく。

そうした場合にはペースを落とす必要がある。その部分の内容が複雑だったり、相手がじっくり理解しようとするタイプの人であったりすると、こうなりやすい。

相手を見下すような言葉に注意しよう。「ジョン、この部分は難しすぎると思うので、少しゆっくり説明します」とか「話についていけない人がおられるようなので、もう一度繰り返します」などと言えば、相手の気分を害してしまい、賛同が得られなくなる。

自分の提案が基本的に受け入れられているかどうかも、見極めは可能だ。賛意を示すのは笑顔やうなずき、ソフトな質問などだ。前向きな受け止めは表情や姿勢に表れる。話を促すように身を乗り出したり、あるいはくつろいでゆったり後ろにもたれる姿勢になる。

提案に賛成していない場合には、険しい表情になったり、目線を外したりするようになる。積極的に反対しようと考えていることが前のめりの姿勢に表れることもある。しかし、逆に体を反らせる姿勢になる場合もある。体を左右に揺すったりしている人は、もう話に耳を傾けず、分析が間違っている理由を頭の中で数え上げているかもしれない。

反対意見への対応

提案に反対している人がいる場合には、対応に時間を割くことを考えるべきだ。目指すのは同意を得ることだ。賛同していない人がいることがわかったら、すぐに行動を取る。そのまま話を進めてプレゼンを終えることもできるかもしれないが、長い目で見ると得策にはならないだろう。会議の後、あなたのいないところで、出席者たちが反対意見でまとまってしまうかもしれないからだ。

反対の空気がうかがえたら、ペースを落とす必要がありそうだ。質問はないかと聞いてみる。難色を示している人に、どこが問題なのかと聞いてみることもできる。

反対意見に対処する際には、判断力を働かせる必要がある。地位が上の人はもちろんのこと、特に影響力をもつ人にも的を絞るようにする。全員に気を配る必要はない。インターンの学生に数字の出し方について説明するには及ばない。提案を前進させられるだけの支持を取り付けるために、その障害になるおそれのある問題をすべて把握する必要があるのだ。

時間配分に気を配る

時間を見ながらプレゼンを進めていくことが大事だ。状況しだいで、ペースを上げたり落としたりすることが必要になる。

質疑応答の時間を残してプレゼンを終わらせるのが理想的だ。会議の終了時刻が午後3時であれば、2時45分か50分にプレゼンを終わらせるべきだ。

そのためには、時計を見ながらプレゼンを進める必要がある。段階ごとに時間の見当をつけておく。それに遅れているようならペースを上げる。スライドのページを飛ばすことは避けるのが原則だ。特定のページを手短かに済ませて時間を浮かせるようにする。

スムーズな引き継ぎ

複数のメンバーによるプレゼンになることも、かなり多い。その場合には引き継ぎが重要になる。人数が多すぎると問題が起こる。引き継ぎのたびにプレゼンの流れが止まることになるからだ。聞く側も調子が狂うことになってしまう。2人あるいは3人が最適となる場合が多い。それ以上になると問題が起こりやすくなる。

引き継ぎはプレゼンの内容の区切りに合わせるべきだ。ある一部分の途中で入れ替わるべきではない。悪い一例を挙げよう。

この数年間、価格設定の問題が顕著になっています。まず2011年に値下げをしました。劇的な策でしたが、うまくいきませんでした。14年に値上げに転じ、他社も後に続きました。他社は前年に市場シェアを失っていたので、これは予想外の動きでした。そして18年の初め、私たちは再び価格を変えました。では、ここからはスーザンが説明します。

引き継ぎは話の内容が変わるところで、できる限りスムーズに行うべきだ。そして、次に誰が何について話すのかを説明した上でバトンタッチする。

パソコンを替えるのは避けるようにしよう。すべての資料を一つのパソコンに入れておくことだ。別のパソコンをつなぎ直すのは、時間の空費などの問題につながる。技術的な問題が生じることも少なくないので、プレゼンに遅れが出て悪い印象を与えてしまう。

会議の初めに、誰がプレゼンするのかを説明しておくべきだ。スライドの最初の数ページを説明しただけで突然、席に戻れば、何があったのかと驚かれてしまう。

次の人が前に出てくるまで、その場で待っているようにする。誰もいない状態にするのは禁物だ。「いったい、どうしたんだ」と、聞く側を不安な状態にさせてしまうからだ。

ワイヤレスのクリッカー（プレゼンターとも呼ばれる）でパソコンを操作する場合には、引き継ぐときにそれも手渡すようにするといい。「私はここまでで、次はジェニファーが説明します」という暗黙のメッセージにもなる。

力強く締めくくる

プレゼンの終わり方も重要だ。プレゼンは初めと終わりが記憶に残りやすい。力強く、自信と落ち着きを示して締めくくることがポイントだ。話を終えたら、そこで間を取る必要がある。質問を受け付ける時間だ。コメントも出てくるだろう。うまくいけば、ここで提案が認められ、次の段階についての話が始まることになる。

14

質問への対応

プレゼンテーションでは、ほぼ必ず質問が出てくる。したがって、それにどう対応するか、戦略的に考えておく必要がある。

これは、ビジネスのプレゼンがスピーチや演説と異なる点の一つだ。公式的な演説に質問は伴わない。アメリカ大統領の一般教書演説を途中でさえぎる人はいない。

「恐縮ですが、失業率について確認させてください。年初来の数字でしょうか、それとも通年の予測値でしょうか。それと、前年からの推移についてはどうでしょうか」などと口を挟む人はいない。しかしビジネスのプレゼンでは、様々な点について一連の質問が出てくる可能性が高い。

質問をどう扱うかは重要だ。あなたが当該のテーマについて本当に理解しているか、試そうとして質問をしてくる人もいるかもしれない。質問にうまく対処できれば、自信と信頼が得られる。うまく対処できないと、信頼を失って提案の訴求力が落ちてしまうことになりかねない。

質問を求める姿勢で

第一に覚えておく点として、質問が出るのはいいことだ。質問は望ましい。

質問が出てくるのは、関心をもたれている証拠だ。質問が出ないのは悪い兆候であることが多い。聞いている人たちが話の内容に興味を引かれず、退屈しているということかもしれないのだ。質問が出てくるのは、興味をもたれ、つながりが生まれようとしていることを意味する。

加えて、質問の一つひとつが、あなたが輝くことのできるチャンスにもなる。質問にうまく答えられれば、あなたは本当に状況を理解しているということになり、信頼が高まる。プレゼンの内容を練り上げて、うまく実行することが重要であると同時に、様々な質問を上手にさばくこともまた重要なのだ。

沈黙の中で話し続けるよりも、質問に対応するほうが楽だ。プレゼンを会話として考えるなら、質問は会話の潤滑剤だ。次々に出てくる質問によって、プレゼンは面白くなって活気が生まれる。押し黙ったままの人たちに話し続けることのほうが、はるかに難しい。

質問への対応は楽しさを生むことにもなりうる。いくらかの挑戦にもなるが、当該のテーマについて熟知していれば、次々と出てくる質問にも難なく対応できる。ジャック・ウェルチが言っているように、「自信のある人は自分の考え方に挑まれることを恐れない。思考を豊かにする知的な戦いを楽しめる」のだ。*1

質問への備え

質疑応答の時間を取っておくようにする。60分の会議に60分のプレゼンを準備したのでは、問題が生じるのは必至だ。質問が出るたびに、その分だけ時間が足りなくなっていく。質問が出れば出るほど、時間的に圧迫されていく。

プレゼンの終盤で提案を示す構成になっていれば、なおのこと問題になる。核心部分までたどり着けなかったり、大急ぎで説明することになったりしかねない。どちらも避けたい状況だ。

質問が出てくることを前提にして、その時間を取っておくようにするべきだ。実際に質問が出てきたら、それに答えることに時間を充てる。質問が出てこなかったら、時間前に会議を終えることができる。時間前に終わって困る人はまずいないはずだ。

いつ質問できるか知らせておく

プレゼンを聞く側の人たちは、質問できるタイミングを知っている必要がある。プレゼンの途中なのか、それとも最後なのか。プレゼンに入る前に、このことを知らせておくべきだ。

一般的に、聞く側の人たちはプレゼンをする人の意向に従おうとする。つまり、プレゼンをする側が権限を握るということだ。その一つとして、「ご質問は最後にまとめてしていただけたらと思います」とか「ご質問がありましたら、そのつど、お知らせください」と言うことができる。ほとんどの人は従ってくれるはずだ。

経営幹部は、いずれにせよ口を差し挟んでくるかもしれない。つまるところ、地位が上なのだから、こちらは従うしかない。もっとも、それは質問ではなくコメントということになるのだが。

一般的には、プレゼンの最中に質問をしてもらうのがベストだ。最良のプレゼンの多くは議論を伴い、それは対話を意味する。質問によって対話が始まる。プレゼンをする側も聞く側も、それによって議論に引き込まれていく。

最後に質問を受け付ける方式には、いくつか問題点がある。最大の問題点として、プレゼンの最後は提案内容に関する議論、さらに望むらくは次のステップに関する議論にしたい。提案した計画を進めるための議論に入ることこそが、プレゼンの成功を意味する。

プレゼンの特定の一部分に関する疑問について話が長引くのは、望ましくない。たとえば「8ページ目に戻ってもらえますか。最初の列の数字はどの期間のものでしょうか」とか「19ページにある2017年の売上高には53週目の数字も含まれていますか」というような質問は、実のある対話につながらない。話を本筋に戻すことが難しくなってしまうかもしれない。

あるいは、プレゼンの最後の最後になって難しい問題に突き当たることになるかもしれない。これは望ましい流れではない。

たとえば「12ページ目のNPV（正味現在価値）分析は間違っていると思います。この数字はどこから取りましたか。計算の仕方を説明してもらえますか」というような質問は、プレゼンの最後でなく途中で対応しておきたいものだ。

この手の質問が最後に来たのでは、プレゼンが締まらない。飛行機の操縦に例えたことを思い出してほしい。乱気流には対応できる高度で遭遇したいのだ。

質問するのを最後まで待ってもらうと、質問が出てこなくなることにもなりやすい。たとえば、4ページ目の数字に疑問をもった人がいても、そのあと30ページの資料が続いた後では、もう質問しなくなるだろう。これは、その人にとってではなく、プレゼンをするあなた自身の問題になる。プレゼンの目的は、提案を理解して受け入れてもらうことだ。疑問をもたれたら、それに対処して答える必要がある。

それにもう一つ、質問を最後に受け付ける方式には時間上の問題もある。質疑応答にどれだけ時間を取っておけばいいのか。長めに取っておくか、ほんの数分にしておくか。プレゼンに本当に耳を傾けてもらった結果、たくさんの質問が出て時間が足りなくなるということにもなりかねない。

質問を避けたいと思うような状況は、ごくまれにしかない。出席者が積極的に発言する人たちで時間が押しそうなことがわかっている場合には、時間を節約する対応をして、プレゼンが尻切れになるのを防ぐことができる。

もともと時間が足りないという場合もある。2時間のプレゼンにしたかったのに1時間しか取れなかった、というように。そうした場合には、途中で出た質問に答えるのを後回しにして、説明を終えることを優先するということも必要になるかもしれない。

プレゼンで提案する内容が複雑である場合にも、質問を後回しにする必要があるかもしれない。そうした場合には内容の説明に十分な時間を取り、一つずつポイントを押さえながら論を立てていく必要がある。質問はこのプロセスをさえぎることになるかもしれないので、後回しにするのがベストとなる。

時間の管理

質問をさえぎることが必要な状況になることもある。進行がひどく遅れてしまっているような場合だ。

このような場合、一番いいのは「後でお答えします」と言うことだ。たとえば「もっと質問をお受けしたいのですが、時間が押しています。会議の後で、すべての質問にお答えします」というように答えるのがいい。ホワイトボードに「質問事項」と見出しを付けて、書き留めておくという方法もある。

準備

前もって質問に備えておくことが極めて重要だ。どんなことを聞かれそうか、じっくり考えてみた上で、それにどう答えればいいかを考えるようにする。

質問の予想

出てくる質問を予想することは、かなりの程度可能だ。これは有意義な作業になる。質問を予想できれば、答えについて考えることになるからだ。たとえば、２０１８年の西地区の売上高について聞かれそうなのであれば、その数字を把握しておくことになる。過去の新製品発売について聞かれそうなら、それについて調べておくことになる。

自分が相手よりも上に立っていることを示す一番の方法は、すべての質問に答えることだ。具体的な数字を挙げて質問に明確に答えられれば、プレゼンの信頼性が高まる。新製品についての質問に、「２００９年にライトシリーズの商品を発売し、13年にファットフリー、そして16年に新ブランドの商品を発売しています」というように答えられれば、当該事業のエキスパートであることを示せる。

質問を仕込む

高度なプレゼンをする人たちは、議論を促して信頼性を確立するために、質問を仕込んでおくこともある。出てくる質問があらかじめわかっていれば、相手を感心させる答えを用意しておける。事前に重要なデータを調べてメモに書き出しておき、質問が出たら、考えておいた答えを示す。

これには2つの方法がある。一つは、同僚の1人に特定の時点で特定の質問をするよう頼んでおくことだ。こうすることで、考え抜いておいた高度な答えを示せる。その質問が出てくることはわかっていたのだから。

それよりも高度な方法は、あるポイントについて意図的に曖昧な部分を残しておき、質問を誘い出すことだ。いわば、ドアを少し開けておいて誘い込むというやり方だ。たとえば「これは去年のアクメ社のブラジルでの状況と似ています」と言えば、「アクメはブラジルでどうだったのか」という疑問を呼ぶはずだ。「他社はソーシャルメディアで痛い目に遭っています」と言えば、「いったい何があったのか」と思われるだろう。

質問を仕込めば、自分が輝けるチャンスが生まれる。最初から答えを知っているのだ。堂々と落ち着き払って賢く見える。質問に対して、確かなデータを挙げながら理路整然と答えられれば、強く有能なリーダーという印象を与えることができる。

質問に先回りするべきか

プレゼンの準備にあたっては、質問が出てこないようにするかどうかという点も考えておくに値する。関心を呼ぶポイントについて、自分から先に話すか、それとも質問を受けてから話すようにするかという問題だ。

一般的には、質問が出ないようにするほうがいい。質問されそうな事柄がわかっているのなら、最初から説明に含めておくようにするべきだ。なぜわざわざ質問させるのか、ということだ。

質問を見通すことは、プレゼンの準備の重要な一部分となる。プレゼンの構成は論理的な流れに沿ったものになるが、それには想定される質問も関係する。資料のスライドはステップ・バイ・ステップの流れで進んでいく。聞く側は、まず一つの事柄について考えてから次の事柄に進み、そしてまた次のポイントへと進んでいく。

出てくる質問がわかっていても触れないようにするのは、特殊な状況に限られる。たとえば、ある特定の点について議論を促したい場合。あるいは、質問に明確に答えることで有能さを示したい場合などだ。

質問されると思っていたのに、されなかったら? 心配は要らない。自分で質問を言ってしまえばいい。たとえば「この点について、小売店がどう反応するかとお思いかもしれませんが」と話を進めて、その答えを言えばいいのだ。あるいは、「タイミングの問題に懸念をもたれるかもしれません。年末年始の休暇前にすべて完了できるのかという点です」と話してから、答えを示せばいい。

質問への対応

質問にどう対応するかによって、あなた自身とプレゼンに対する印象は大きく左右される。したがって、すべての質問に効果的に対応する必要がある。

カギになるのは、言うまでもなく当該の事業に関する知識だ。その事業の力学、顧客調査の最新データ、事業の業績などを把握できていれば、質問は議論を促して思考を刺激する素晴らしい起点になる。質問は多ければ多いほどいいということになる。すでに資料の概要の部分で重要なポイントを示してある場合には、なおさらだ。

まず聞くこと

覚えておくべき第一のポイントは「質問に耳を傾ける」ことだ。

当たり前のことだと思われるかもしれないが、実際にはそうではない。「質問の趣旨はもうわかったので全部聞かなくていい」とか「その点についてはもう考えていたので答えられる」などと思ってしまいやすいからだ。気持ちも高まって集中した状態にあるので、割って入って答えを言いたくなる。あなたはこう思う――「競合各社の対応についてだ。その点については、全部調べて何時間も考えたので答えられる」。そして、実際に質問をさえぎって答えを言い始める。

これは絶対に禁物だ。すべて聞き終えるまで、質問の内容は正確につかめないからだ。加えて、質問した人を怒らせることにもなりかねない。人は誰でも、自分が話して頭が切れることを示したいものだ。そうすることで気分が良くなる。プレゼンを聞いている人たちの気分が良くなれば、提案を受け入れてもらいやすくなる。

私は何年か前、シカゴの即興コメディ劇団「セカンド・シティ」のトレーニングに参加する機会を得て、その訓練の一つに強い感銘を受けた。相手が話した最後の言葉から始まる文で話していく、という訓練だ。

たとえば、前の人が「夕食は中華料理で」と言ったら、次の人は「中華料理は……」と話すのだ。この訓練では、相手の言うことを本当に聞いていなければならない。聞き耳を立てて、最後の言葉を待ち構えるわけだ。

この訓練は予想外に難しかった。相手が話し終えるまで待つのが難しかったのだ。このことは、私たちがいかに先走りしたがるかを物語っている。相手が話し終えるのを待つのは難しいことなのだ。

敬意を払う

相手の質問をさえぎるのではなく、相手の目を見て、うなずきながら話を聞くべきだ。その質問に関心をもって感謝し、深く考えようとする姿勢を示す必要がある。

プレゼンを聞く人たちに敬意を払うことは重要だ。誰しも存在価値を認められ、知的だと思われたい。どのような形であれ、質問をはねつけたり軽んじたりすれば、相手を重要な存在と思っていない、あるいは頭の切れる人だと思っていないというシグナルを発信することになってしまう。これは生産的ではない。

とはいえ、これは必ずしも簡単なことではない。ばかな質問をする人もいるからだ。もう説明したことについて聞いてくる人もいる。私はつい最近、ほんの3分前に別の人がしたのと同じ質問をする人を見た。要するに話をしっかり聞いていないのだ。こういう人に対しては、「その質問にはもう答えました。スマホに気を取られている人がいるようです」とでも言いたくなるだろう。

しかし、それは避けるべきだ。プレゼンの目的は提案を受け入れてもらうことである、という点を思い起こそう。相手を侮辱したり、おとしめたり、けなしたりしてはいけない。誰かが同じ質問を繰り返してきても、敬意を払って答えよう。そうした姿を見て、他の人たちはあなたを尊敬するはずだ。

質問を繰り返す

質問を少し言い換えて繰り返す、という方法も効果を発揮する。たとえば、ＣＥＯ（最高経営責任者）から「競合各社の価格戦略については？」と聞かれたら、「競争的な価格設定に関するご質問ですが」と言ってから答えるようにする。

質問を繰り返して言うことには、３つの目的がある。まず、質問を正しく理解しているという点を示すこと。これによって、質問した人は自分が正当に扱われていることを知る。

第二に、他の人たちに質問を聞かせることになる。プレゼンは、音が響かない大きな部屋で行われることが多い。後ろにいる人には質問が聞こえなかったかもしれない。「すみません、もう一度言ってもらえますか」と叫びたくなるような状況だ。

第三に、質問を繰り返して言うことで、頭の中で答えをまとめ上げる時間が得られる。質問を言い換えている間に考えをまとめるということで、どのポイントに結びつけることができるか、どのデータを使えばいいかといったことを考える。

質問を微妙に言い換えて、答えやすくするという方法もある。たとえば「12月のフランスでの売り上げの伸び率は？」という質問に対し、「フランスでの売り上げの伸び率ですね。去年の増収率は３・２％でした」と答える。この方法はかなり役立つ。特に、当該の数字は把握していないが類似の数字はわかっている、という場合に物を言う。

ただし、質問を大きく変えてしまわないこと。一定の範囲内にしておく必要がある。CEOから「それを聞いているんじゃない。知りたいのは12月のフランスでの増収率だ。その数字は？」などと言われるようなことは避けたい。そうなると対立的なムードになり、逆効果を招いてしまう。

完全に答える

質問に答える際の要諦はシンプルだ。質問に対して、できる限り完全に答えることだ。質問に的確な答えを示し、裏付け材料を交えながら説明していく。

2つのことについて質問されたら、その両方に答える。続きの質問を受けた場合にも、それに答えるようにする。

データを交える

データを交えると、必ず答えの力が増す。「この1年、生産コストは上がっています」という答え方は、あまり感心できない。「過去12カ月、生産コストは18・4%上昇しています」と答えると、かなり印象が変わる。これは完璧な答えだ。

データの一部をあえて説明の際に出さず、質問への答えに使って印象を高めることもできる。裏付けになるデータを4つか5つ、質疑応答用にとっておくのが理想的だ。

質問にぴったり重ならないデータでも問題は生じない。たとえば、当該の製品カテゴリーの価格が過去12カ月間に2・45％上がっている場合、この数字は様々な種類の質問への答えに使うことができる。

質問：「来年、値上げすべきなのでしょうか」

答え：「値上げには慎重であるべきだと考えています。値上げが早すぎると、市場シェアをかなり失うことになりかねません。この製品カテゴリーの平均価格は、過去12カ月間に2・45％上がっています。これは値上げの余地があまりないことを示しています」

質問：「リスクの高い計画なのでは？」

答え：「どんな計画にもリスクはつきものですが、比較的バランスの取れた見通しだと考えています。計画は小幅な値上げで、製品カテゴリーのトレンドに合致するものです。たとえば、カテゴリーの平均価格は2・45％上がっています。私たちの提案とほぼ同じ線です」

質問：「競合他社の戦略について、わかっていることは？」
答え：「向こうは財務的に苦しい状況のようで、収益に本当にこだわっています。製品カテゴリーの平均価格を見ればわかります。この12カ月間で価格は平均2・45％上がっています。これは、相手が収益をかなり重視していることを示す指標のごく一例です」

相手を見ながら答える

質問に答える際には、質問をした相手の顔を見ながら話すべきだ。そうすることで、つながりが生まれる。相手に対応するという姿勢だ。

質問した人の顔を見ることによって、自分の答えに対する相手の反応を見ることもできる。相手がうなずいて柔らかい表情であれば、答えが当を得ていることがわかる。逆に顔をしかめているようなら、答えのピントが合っていないことがわかる。そうした場合には「納得していただけますか」とか「お答えになりましたでしょうか」などと聞いたほうがいいかもしれない。

避けるべき「よくある間違い」

質問に答える際には、避けるべきことがいくつかある。次のようなことをしてしまうと、相手の否定的な反応を引き起こす危険が大きい。

目をそらす

相手から目をそらすのは、対話を避けているということだ。視線を泳がせるようにしていると、動揺して質問をかわそうとしているように見えてしまう。資料のページをあわててめくるのも、質問が難しすぎて答えを見つけるのに必死になっている、という印象を与える。

相手に背を向ければ、さらに問題がひどくなる。質問した相手をばかにするような態度であるばかりか、この質問に答えるのは時間の無駄だと言わんばかりになってしまう。相手を怒らせることになりかねない。

質問が出たら、その相手と向き合って対応すべきだ。他の人たちの関心もつなぎ留めるために時々、目線を移すのはいいが、あくまでも質問をした相手のためにエネルギーを費やすべきだ。

あきれた顔をする

取るに足らない質問だというようなジェスチャーは、すべて問題となる。質問をした相手の気分を害し、さらに全員を敵に回すことにもなりかねない。

あまり内容のない質問を受けたり、同じ人が何度も質問をしてきたりすれば、白目をむいて、あきれた表情を示したくなるかもしれない。嫌みを言って、他の人たちから笑いを取ることもできるかもしれない。しかし、相手をおとしめるようなことをすれば、自分の信用が傷つくことになる。

真剣な表情でうなずいてから、相手の質問に完全に答えるようにするべきだ。そして、答え終わってからはもう、その人と目を合わせないようにする。こうすることで、その人が次々と質問をしてくることに歯止めをかけられるはずだ。

「いい質問です」と言う

私は最近、ケロッグ経営大学院の同僚がメディア業界の最新状況について説明するのを聞いた。とても興味深い内容で、リサーチも行き届いていた。そして、聞いている人たちから、いくつも質問が出てきた。

最初の人は測定方法について質問した。すると、この同僚は熱っぽく「いい質問ですね！」と言ってから、話を進めて質問に答えた。次の質問にも同じように反応した。「面白い質問です」。次の人には端的に「いい質問です！」、さらに次は「これもいい質問です」。どの質問者も基本的に熱い反応を受けた。違いは「いい質問」「とても素晴らしい質問」「とても面白い質問」ということだけだった。

質問には、このように反応するのがいいと思いやすい。質問を褒めるのは、その質問をした人を褒めるということだ。質問について考え、どう答えるかを思案する時間もいくらか得られる。時間稼ぎをしながら、場の雰囲気を盛り上げられるということだ。まさしくウィンの状況だ――。

しかし、これはやってはいけない。

何度も同じ言葉を繰り返すと、その価値が薄れてしまう。どれも「最高の質問」であるのなら、本当に最高の質問なのかということになってしまう。空想上の世界ならともかく、現実の世界でどれも最高ということはあり得ない。

相手によって反応の強さを変えることも、問題につながる。たとえば、最初の人には「いい質問です！」と答え、次の人にはそう言わなかった場合、それぞれの質問を質的に評価しているということになる。これでは、つまらない質問――あるいは「いい質問」の域に達しない質問――だと思われることを恐れて、質問したくなくなってしまうかもしれない。

もう一つの問題は、プレゼンそのものを弱める結果になってしまうことだ。質問された内容が本当に「素晴らしい」ものであるのなら、最初からプレゼンの内容に取り上げておくべきだったということになる。「問題探し」のゲームをしているのではない。一つのテーマについて余すことなく説明しようとしているのだから、興味深い点には最初から触れておくべきなのだ。

プレゼンをするあなたの仕事は、質問の質について判断することではない。聞いている人たちの関心をプレゼンの内容に引きつけ、どのような質問にも答え、自分の論を立てることこそが、なすべき仕事だ。質問は基本的にプラスになる。

質問を褒めるのは禁物だ。シンプルに質問に答えることに徹しよう。

難しい質問への対処

先述したように、留保をつけることで自由が得られる。たとえば「去年のポーランドでの増収率は？」と質問された場合、「4・5％ほどだったと思います」と答えることができる。真正面から答えているように聞こえるが、実際には2つの留保をつけている。

まず「思います」は、正確には知らないということだ。思い当たるところを示しているということで、正しいかもしれないし正しくないかもしれない。次に「ほど」と言うことで、一定範囲の誤差は許容されることになる。4・3％も4・8％も4・5％にかなり近い数字だ。6％でも、そこそこ近いと言えるかもしれない。

この方法は、おおよその見当がついている場合に効果を発揮する。当てずっぽうで言ってはいけない。

このような形で質問に答えた場合、後で正確な数字を確認し、自分が間違っていたら訂正を出す。シンプルなメールで多くの問題を防げる。たとえば、こう書けばいい。「ポーランドでの増収率を確認したところ、思っていたよりも高く、実際には7・6％でした」

別の人に振る

質問をチームの別のメンバーに振りたくなる気持ちも働きやすい。「ジョン、ヨーロッパの事業について調べていたよね。ポーランドでの増収率、思い出せる？」というように。こうすれば自分は逃れられ、リスクを別の人に移せる。

しかし、これには注意が必要だ。チーム内の相手が話を聞いていなかったり、答える準備が整っていない、あるいは答えを知らないということもありうる。どの場合にも、あなたとその同僚の両方が準備を怠っていたように見えてしまう。ジョンの不手際であるように思わせれば、自分はプレッシャーから逃れられるが、それでプレゼン全体の説得力が高まるわけではない。

質問を別のメンバーに振るのは、その相手が答えを知っていると確信できる場合だけに限ることだ。そうする前に、まずメンバーたちの顔を見るようにするのがいい。流れを察しているとことがうかがえたら、質問を振ればいい。最も確かなのは、相手がうなずき、答えられるということを示してくれた場合だ。相手がスマホを見たり、上の空でいるような状態なら、別の人を見つけるか自分自身で答えるようにするべきだ。

先送りする

質問されて答えがわからない場合には、そのことを認めて「後でお答えします」と言うようにする。この対応に問題は何もない。プレゼンのテーマと直接関係しない質問である場合には、なおのことだ。

たとえば「ユニリーバのＣＥＯは誰？」と聞かれて、わからない場合、単純に「名前が出てきません。後で調べて、お知らせします」と答える。ただし、それを忘れてしまわないように。

間違った答えを言うのは、みすみす問題を招くようなものだ。ユニリーバの質問に、自信たっぷりに「ジャック・ウェルチです」と答えてしまったら、自分の信用に傷がつく。間違った答えであることは誰にもわかる。それればかりか、自分が答えを知らないのを自覚していないということをさらけ出してしまう。これは危険なコンボだ。

自分の資料を役立てる

難しい質問に対して、スライドや補足資料など、プレゼンの材料から答えを見つけられる場合もある。

ただし、これは限られた場合だけにとどめたほうがいいだろう。その内容が後のスライドに盛り込まれている場合には、プレゼンの流れが崩れてしまう。話を一つずつ進めていく形でプレゼンを準備してあるのだから、先に飛んでしまうと話の順序が狂い、ストーリーが崩れてしまう。それよりも「この後の2ページ目で、その点について取り上げます。あと5分ほどお待ちください」というように答えるべきだ。

補足資料のページに当該の内容が盛り込まれている場合にも、そこまで先に行くことに問題が伴う。資料のページまで大急ぎでクリックを続け、そしてまた元のページへ戻そうとする姿は、整理が悪いかのような印象を与えてしまう。

15 フォロー

プレゼンテーションの終わりは素晴らしい瞬間だ。プレゼンがうまくいった場合には、なおのことだ。生産的な議論が続いた会議の最後までこぎ着けて、ほぼ例外なく疲労感と安心感、高揚、喜びを同時に感じることだろう。肩の力を抜いて一息入れたいところだ。プレゼンがうまくいったのだから――。

しかし、油断は禁物だ。会議がうまくいってもいかなくても、フォローは絶対に欠かせない。会議がうまくいった場合には、その勢いに乗りたい。うまくいかなかった場合には、勢いを盛り返す必要がある。

質問への対応

プレゼンの終了後、最初の仕事は残された疑問に対応することだ。たいていは2、3の問題が残される。すぐに答えられない数字を聞かれたり、特定の資料を見せてほしいなどと言われたりするかもしれない。そうした質問にはおよその見当で答え、後で正確な数字を伝えると答えることになるかもしれない。

このような質問に手早く答えることは大事だ。真剣に受け止めていることを示すからだ。質問を無視したり、対応が遅かったりすると、それとは逆のメッセージを送ることになってしまう。支持を得るには、相手とその問題意識を尊重することが最良の方法となる。

決定事項と次のステップを確認する

会議の結果として最悪なのは、結論がはっきりしないことだろう。何が決まったのかわからない状態で出席者が会議室から出ていくようでは、疑いの意識が生まれてしまう。

そうした不透明感は簡単に生まれうる。会議が終わる前に退席した人や、スマホでメールの返信をしていた人がいるかもしれない。そもそも欠席者がいたかもしれない。会議は時間が延びがちになるので、最後は急いで終わるような形になって混乱しやすい。

したがって、会議の決定事項を全員にメールで通知することが得策となる。それで全員が同じ認識をもつことになり、記録としても役立つ。たとえば、反対意見の人がいた場合、このメールが異議を唱えるきっかけになる。関係者の見解をつかんでおくことは常に重要だ。

反省

プレゼンが終わった後、必ず反省に時間を割くことが大事だ。前述したようにプレゼンは一つの能力であり、常に改善の余地がある。私はデロイトのジョナサン・コパルスキーから、「スポーツ選手が試合のビデオを見るのと同じことだ」と助言されたことがある。

プレゼンは1回限りのものではないので、自己評価をすることは特に大事になる。プレゼンをして終わりなのではなく、ほとんどの場合、プロジェクトはその後も続いていく。その過程で何度もプレゼンをすることになる。今日のプレゼンから学ぶことで、明日のプレゼンをより良くすることができる。

カギは、間を置かずに反省をすることだ。その日のうちに時間を取って、プレゼンについて振り返るのがベストだ。1週間後では、細かい部分を忘れてしまうことになる。私の経験から言えば、2、3日後でも言葉遣いの間違いを思い出すことはできるが、それがプレゼンのどの部分だったのか、わからなくなってしまうことが多い。

何がうまくいったか

反省はプラスの部分から始めよう。まず、何がうまくいったか。プレゼンをスライドの1ページずつ振り返るのが、いい方法だ。どの部分が特に関心を引きつけたか。特定のポイントについて、全員に納得してもらえたか。質問が出たのはどの部分で、それにうまく答えられたか。プラスの部分は見落としやすい。本当にじっくり振り返ってみないと、うまくいった部分をすべて特定できないかもしれない。

もっと強くできた部分は?

会議が成功に終わった場合でも、必ず改善すべき点は残る。資料に誤字はなかったか。私の場合、プレゼンの最中に誤字に気づくことが多い。しまったと顔をしかめることになる。あるいは、図表にわかりにくい部分はなかったか。プレゼンの流れに問題があった部分は?

質問が多く出た部分は？　提案が却下されるなど、会議が思わしくない結果になった場合には、その原因を突き止めることが重要だ。

想定外の結果だったか

プレゼンにおいて、「驚き」は総じて悪いことを意味する。プレゼンをする際にはあらかじめ、どのような結果になるかを見通せるようにしておきたい。事前の売り込みに一定の時間を使っていれば、プレゼンを聞く人たちの反応は大体つかめているはずだ。

会議の展開に驚かされたという場合には、その原因について考えることが大事だ。事前に接触できない人たちがいたのか。意見を変えた人がいたのか。会議に出席する人が変わったのか。想定外の結果となった理由を突き止められれば、次のプレゼンでも同様の結果にならないように手を打つことができる。

プレゼンのサイクル

プレゼンを単発的なイベントとしてではなく、継続的なサイクルとして考えることが役立つ。プロジェクトの進行とともに、1つの会議が次の会議につながる。うまくいけば勢いが生まれ、主体的に自分のキャリアを高められるようになる。

図表15-1

プレゼンのサイクル

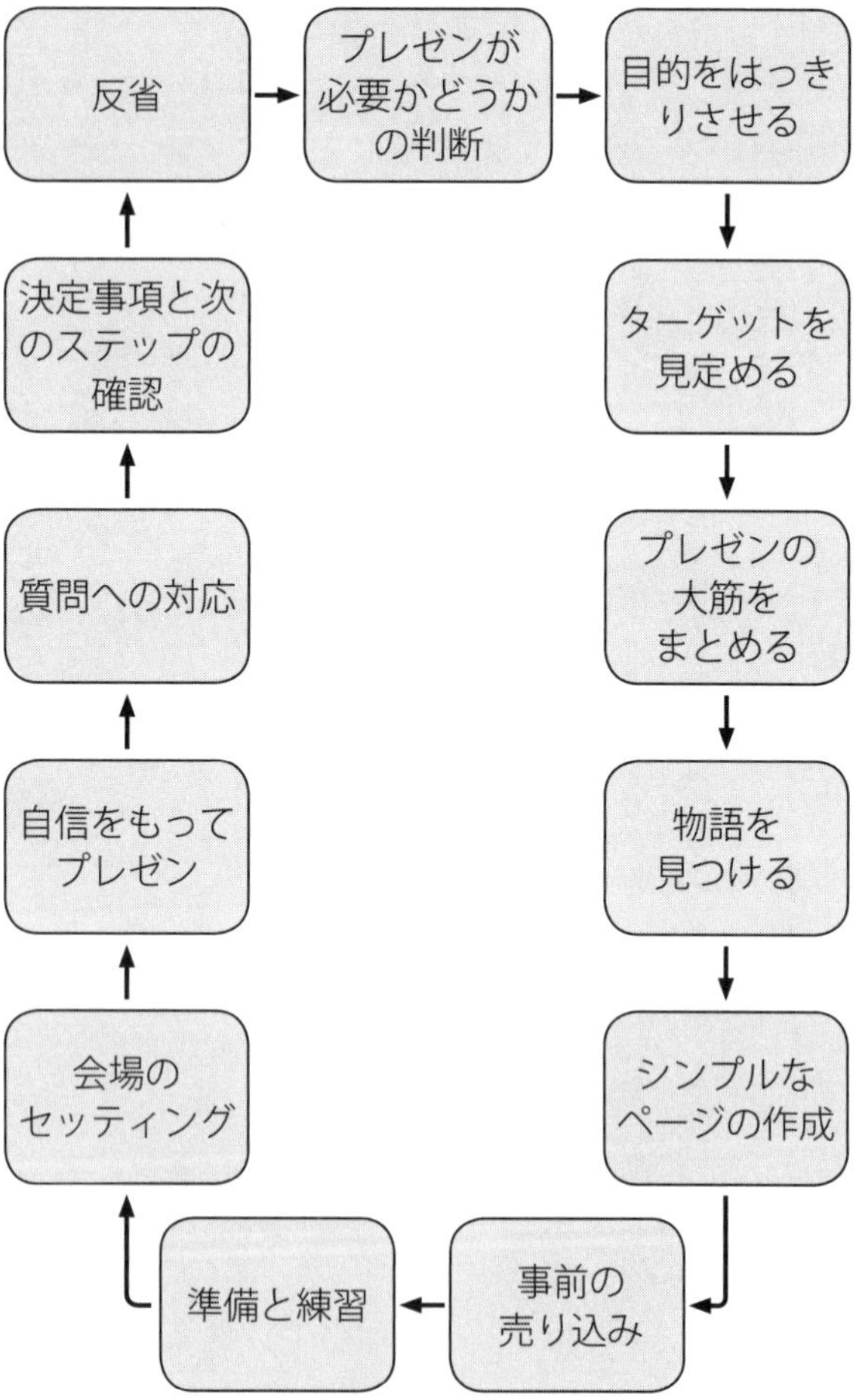

16

#「TEDトーク」とスティーブ・ジョブズ

私は最近、何人かの学生に、プレゼンテーションのスキルを高めるために何をしているかと聞いてみた。学生の一人は、すぐにこう答えた。「『TEDトーク』を見ています！　素晴らしいです！」。TEDカンファレンスでの講演のことだ。

別の学生は「スティーブ・ジョブズのプレゼンを見ています。すごいプレゼンです。ジョブズをお手本にしています」と言った。

珍しい答えではない。プレゼンという言葉から、TEDとスティーブ・ジョブズを思い浮かべる人は多い。そのビデオ映像は簡単に見ることができ、とてもインパクトがある。

ただ、一つだけ問題がある。ビジネスの世界でのプレゼンには格好のお手本にならない、という点だ。むしろ、TEDとジョブズから学べることの大部分は、会社という環境にはそぐわない。

TEDトーク

ＴＥＤトークのフォーマットから見ていこう。これは短いプレゼンで、時間は20分ほどだ。プレゼンをする人は大きな会場の真ん中に立ち、聴衆はその話に聞き入る。会場は暗く、ドラマ性がある。質疑応答はなく、熱い拍手とともにプレゼンは終わる。

これはビジネスの世界のプレゼンとは違う。会社ではたいていの場合、会議は時間どおりに始まらず、遅れてくる人もいる。飲み物を持って入ってくる人も多く、コーヒーをこぼしたりすることも起きる。ドーナツをほおばる人もいるかもしれない。ありきたりの会話(「サリー、日曜のボビーのサッカーの試合はどうだった？」)や、実務的な会話（「ジョン、メール読んでくれた？　どうしても、そちらの答えが必要なんだ」）が交わされ、華々しさやドラマ性はない。

一つの大きな違いは、質問が出ることだ。前提やデータ、分析内容についての質問だ。それもプレゼンをさえぎる形で出てくる。「その数字は違うのでは？　おかしいと思いますが」「第3四半期の出荷について、どう考えているのでしょうか」「競合他社の反応を要素としてモデルに織り込んでありますか」といったように。

もう一つの大きな違いとして、プレゼンではデータの信頼性に疑問がぶつけられる。ＴＥ

Dトークでは、情報の出所まで言及されることはない。「慈善事業への寄付についてのある調査では……」というように語られ、その調査について詳しく説明されることはない。

ビジネスのプレゼンでは、情報の出所は不可欠だ。「私が分析したところ、投資先としてはイタリアが最高です」という話では済まされない。どんな分析なのか、どのようなデータを用いたのか、何を評価したのか。それはなぜなのか。このような点をすべてプレゼンに含めなければならない。

ビジネスの会議において信頼性は必須だ。あなたがCEO（最高経営責任者）でないのなら（この本を読んでいるということは、CEOではないということだろう）、おそらく会議の出席者のなかで一番上の立場ではないだろう。それはつまり、あなたの意見はさほど重く受け止められないことを意味する。

ビジネスの会議で信頼を得るには、データに物を言わせる必要がある。経営幹部が違う意見をぶつけてくることはあっても、確たる情報源から得たデータであるという「事実」に異論をぶつけることは難しい。

たとえば、私が「肥満は大きな問題です」と言ったとして、お偉方の一人が「それは大げさではないかな」と言うかもしれない。「調査報告をいくつも見ているが、騒がれているほど問題にはなっていない。まあ、私の場合は別かもしれない。ここにいるデービッドに接待のディナーにいつも連れて行かれているんでね」などと言われて、みんなが笑っている間に私の指摘は否定されてしまう。

しかし、データがあれば違う。私が「アメリカ疾病予防管理センター（CDC）によれば、全米の肥満人口は4020万人に達しています。CDCの予測では今後10年間、肥満人口は年率3・5％のペースで増加します。肥満は大きな問題で、さらに重大になります」と言えば、反論するのは難しい。このように、TEDトークは優れた手本にはならないのだが、プレゼンについていくつかの事柄を学ぶことができる。

物語を伝える

記憶に残る名高いTEDトークは「物語」を核に構成されている。プレゼンをする人は、ある一つのテーマについて語り、理論や概念について論じる。だが、それを物語として伝えることで生き生きとした力が生まれる。

最良の物語――最も訴求力が強い物語――は、自分自身の体験に基づくものだ。他の人の体験として、たとえば「ある日、この人はものすごいことをしました」というように話すのも、面白い物語や劇的な物語、驚きを呼ぶ物語であれば、うまくいくかもしれない。

しかし、「私がものすごい不安と闘ったときの話をさせてください」と話し始めれば、聞く側は身を乗り出すようにして耳を傾けるだろう。その人の経歴を読むだけではわからない、内面的な経験が明かされると思うからだ。この種の個人的な話こそが最大のインパクトをもたらす。人々の記憶に刻まれて残るのは、このような物語だ。

この教訓は、簡単にビジネスのプレゼンに生かすことができる。しかし、このような物語については限界もある。ビジネスのプレゼンでは、合理的な戦略と確たる事実が求められるからだ。重要なのはこの部分であって、ただ物語を連ねるわけにはいかない。物語はあくまでも、理論と枠組み、アイデアという重要な内容の合間に差し挟まれるだけだ。

ゆっくり話す

お手本になるTEDトークの驚くべき点は、そのペースだ。講演者はゆっくり話している。まるで言葉を引き延ばしているかのようだ。頻繁に十分な間も取っている。

プレゼンで間を置くのは不自然で、気まずい沈黙になってしまうと考えやすい。その結果、早口で話しがちになってしまう。ページからページへ、要点から要点へと、なるべく早く話を進めようというわけだ。しかし、それは間違いだ。

急ぐことは何の役にも立たない。ペースを落とし、じっくりと論点を示すようにしよう。講演者はゆっくりと話しているのに、とても面白いというTEDトークの特徴を思い出そう（むしろ、ゆっくり話しているからこそ、なおさら面白くなっているのかもしれない）。

データを使う

TEDトークのなかでも、データを論点の裏付けに使っている講演が最もインパクトが強いように思える。もちろん、データや情報にも様々な種類がある。たとえば、特定の調査や研究のデータ、実話やエピソードが引き合いに出されることもある。しかしいずれにせよ、そこには「情報」がある。

これはプレゼンの最良の方法だ。自分の論点を示そうとするなら、その裏付けになるデータや情報を示して信頼性をもたせる必要がある。

データを使いすぎない

TEDトークではほとんどの場合、何らかのデータが使われているが、使われすぎてはいない。1つか2つの調査に言及するだけである場合も少なくない。これも覚えておくべきポイントだ。データは多いほうがいいと思いがちだが、聞く側が戸惑ってしまうほどの量のデータを持ち出すべきではない。

スティーブ・ジョブズ

プレゼンの達人としてスティーブ・ジョブズを思い浮かべる人は多い。アップルのCEOとして、人の心を捉えるスピーチで鳴らした。天賦の才に恵まれたリーダーで、製品設計に素晴らしい才能をもち、弁舌も優れていた。

スティーブ・ジョブズから学ぶべきこと

スティーブ・ジョブズのプレゼンに対する姿勢について書かれた本などから、いくつかの重要な教訓が浮かび上がってくる。誰もが手本として学べる最良の事例だ。

準備

スティーブ・ジョブズは準備に最大限の努力を傾けていた。プレゼンの当日には何時間も前に会場に入り、厳密なリハーサルをした。照明やセッティング、環境など、すべてを念入りにチェックしていた。

ジョブズのプレゼンに対するこだわりには強迫観念に近いものがある、と思っている人も多かった。『スティーブ・ジョブズ　驚異のプレゼン』の著者カーマイン・ガロは、こう書いている。

「ジョブズはプレゼンのすべての部分に深く関与する。要点を示すキャッチフレーズを考え、スライドをまとめ、デモンストレーションのリハーサルをして、照明もチェックする。ジョブズはすべてを自分で確かめる」[*1]

ジョブズがこれほど準備に力を込めたのは、プレゼンの重要性を認識し、プレゼンを成功させる最大の方法は準備であることを知っていたからだ。

このプレゼンに対する考え方は、誰もが見習うべきだ。時間ぎりぎりに会場に入るようでは、素晴らしいプレゼンなどできない。それは端的に無理だ。

関心を引きつけ続ける

ジョブズは、楽しませる力と伝える力の両方を兼ね備えていた。物を見せる才能に恵まれ、ただ新しいものができたと話すのではなく、実際にそれを手に取り、使い方も示してみせた。百聞は一見にしかずということだ。

これはプレゼンの要諦を示している。人は実際に自分の目で見て、手に取ってみたがるものなのだ。実演的な要素を加えて触覚に訴えるような形にすれば、プレゼンをより良くすることができる。

不用なものを省く

ジョブズは簡潔を旨とし、スライドも不可欠な要素だけに絞り込んだ。「少ないほど良い」という考え方だ。

スティーブ・ジョブズから学ぶべきでないこと

プレゼンを前にして、スティーブ・ジョブズのやり方を真似ようという気持ちになるかもしれない。「スティーブ・ジョブズがこうやっていたのだから、自分もこれでうまくいくはずだ」と。

残念ながら、ジョブズのやり方は誰もが手本にできるものではない。一般的に、ジョブズを真似るべきでない点がいくつかある。

情報の一部を伏せておく

スティーブ・ジョブズは、情報の一部を最後まで出さないことも大きな特徴だった。新たなイノベーションについて説明しつつ、特に魅力的な新製品の発表を最後に残しておくことも少なくなかった。最後の最後になって「でも、もう一つあります」というわけだ。これで人々は話に引き込まれる。

あなたもプレゼンで、一番重要な情報を最後まで取っておこうと考えるかもしれない。プレゼンを締めくくる段階になって「それに、あともう一つだけあります」と言うようなやり方だ。これは禁物だ。

第一の問題点として、会議が終わる前に退席する人もいるかもしれない。現実問題として、誰もが多忙なスケジュールの中で時間をやりくりしている。その結果、ほぼ必ず終了前に席を立つ人が出てくる。

それも特に上級の幹部がそうなりやすい。つまり、プレゼンのターゲットになる人たちが特に多忙で、時間前に退席することになりやすい。大事な情報を最後まで取っておくと、最も重要な相手の耳にそれが入らないという結果になりかねない。

プレゼンには常に目的があるという点を忘れないでほしい。相手に情報を伝え、対話をして納得してもらう必要があるのだ。あなたが情報を伝えきる前に相手が出て行ってしまったら、もう成功の目は消えてしまう。つまり失敗に終わったということだ。

重要な情報を最後まで取っておくことの第二の問題点は、その事柄について議論ができなくなってしまうことだ。会議の時間が午前9〜10時であるとして、9時55分になってから決め手の情報を繰り出したのでは、それについて議論する時間はもう残っていない。これも大問題だ。

第三の問題点は、時間の管理上の問題だ。会議で最も重要な部分はプレゼンではなく議論だ。出席者が質問をして問題点を提起し、討論する。質問をした人に、別の人が質問をぶつけるかもしれない。このような議論は欠かせない。会議の出席者全員で問題について考えることにつながるからだ。

こうした議論が最後に始まった場合、単純に時間を管理できなくなってしまう。自分より地位の高い人が意見を言うのをさえぎることはできない。たとえば、ヴァージン・グループのリチャード・ブランソン会長に対してプレゼンをしているときに、「リチャード、面白い質問だと思いますが、今はもう時間がありません。会議の終了時間は守らなければなりませんので」などとは言えないはずだ。会議の時間が大幅に延びてしまい、困ったことになるかもしれない。

劇的な効果を見込んでプレゼンの最後に重要な情報を取っておくことは、失敗に終わる可能性が高い。それまでの説明に予定より時間がかかり、スライドの最後の2、3ページを駆け足で済まさなければならなくなるかもしれない。そして、もうプレゼンは終わりだと思って出席者が帰り支度やメールのチェックを始めたときに、大事な情報を伝えるという形になってしまう。これは正しいやり方ではない。

データを示さない

スティーブ・ジョブズのプレゼンの特徴の一つは、データや分析、計算が少ないことだった。スライドの1ページに1語しか書かれていないことさえあった。次のページは写真だけ、その次はイメージ図だけという展開もあった。このようなやり方が、インパクトの強いプレゼンを生み出していた。シンプルでエレガントだった。

私のアドバイスは単純だ——これは真似してはいけない。その最大の理由は、あなたはスティーブ・ジョブズではなく、ジョブズのようになれるわけでもないからだ。ジョブズが一つの言葉を示し、それについて語る。すると人々はそれに耳を傾け、彼の言うことを受け入れた。驚くべき力量だった。しかし、ビジネスのプレゼンではほとんどの場合、このやり方はうまくいかない。

社長に対するプレゼンで1ページに1語だけというスライドを見せたとしたら、会議の出席者を戸惑わせるだけの結果になる可能性が高い。これは失敗の方程式だ。

会社には組織上の階層がある。重要な存在である人たちと、重要性の低い人たちがいる。ほとんどの場合、プレゼンは後者が前者に提案を示す形になる。下の立場にある人がスライドの1ページに「投資」とだけ示して、上の立場にある人に話を聞いてもらうことは期待できない。経営幹部が知りたいのは、なぜ投資が必要なのかという根拠なのだ。

上の立場にある人たちに提案を受け入れてもらうには、データや情報が必要だ。つまり裏付けになる数字や事実だ。タイミングや価格設定、見込まれる利益も示す必要がある。1つの言葉や写真だけのスライドを見せるのは不適切なやり方だ。

経過報告をしない

スティーブ・ジョブズのまさに際立った特徴の一つは、秘密を守り通す能力だった。製品やプロジェクトについて、完璧になるまで絶対に明かそうとしなかった。それまでの間、ジョブズは開発チームに完全な箝口令を敷いた。

ジョブズは、このやり方で結果を出した。手の内を明かさないことで「驚き」を生むことができたのだ。さらに重要な点として、競合他社に対してリードを保つことができた。新製品について公表すれば、すぐに他社も動き出すことになる。手の内を明かさないことが決定的に重要であることを、ジョブズは知っていた。

このやり方は自分のプレゼンにも使える、と思うかもしれない。プロジェクトや取り組みについて進捗状況の報告は最低限にとどめておき、最後にあっと驚かせるというやり方だ。

ここでも、私のアドバイスは「ジョブズを真似するべからず」だ。

会社内ではコミュニケーションが必須だ。社内で何がどう進んでいるのか、関係者全員が知っていなければならない。コミュニケーションの不足は、経営幹部と他部門の関係者の両方に問題を引き起こす。

上級の管理責任者たちは、何がどのように進んでいるのかを知る必要がある。そうした人たちに情報を伝えないわけにはいかない。プロジェクトが順調に進んでいるのなら、そのことを知らせるべきだ。自分が重要な決定を下そうとする際には、それについて説明する必要がある。

上司に対して情報を伏せるのは、問題を引き起こす最大の早道だ。同僚も進捗状況を知る必要がある。それを知らせなければ、同僚をいら立たせるだけでなく、助力が得られないことにもなってしまう。

17 プレゼンに関する「よくある質問」

プレゼンテーションに関する疑問や質問は多岐にわたり、対処すべき数々の問題がある。私が受けてきた質問のうちで、最も多いものを挙げておこう。

パワーポイントを使わなければいけないか

答えは「ノー」だ。パワーポイントを使わなければならないということはない。

パワーポイントは、情報を示すのに使えるソフトウェアのツールの一つにすぎない。他にも数々のツールがあり、パワーポイントと同等かそれ以上の効果を生み出しうる。

私は小さな頃、父が講演の準備をするのを見ていた覚えがある。ニューヨーク州立大学バッファロー校医学部の教授だった父は、講演の準備に何日もかけ、スライドにする内容をまとめて制作業者に渡していた。スライドが出来上がるのは1週間ほど後だった。

それから父はリハーサルを始めた。スライドは2×2インチほどのサイズで（1インチ＝約2・5センチ）、それを小さなプロジェクターにセットし、そのページについて説明する。その説明が済むと次のスライドをセットする。

使いにくいプロジェクターを、父はうまく使いこなしていた。話を続けながら、手際良くスライドを取り替えていく。プレゼンが終わると、使ったスライドをきちんと整理して保管していた。家のダイニングルームに大きな保管用ケースがあり、また使う機会があれば、いつでも取り出せるようにしてあった。

少しレトロな雰囲気を出して、この種のスライドをプレゼンに使うという方法もある。それ自体が一つの主張になる。

アップルのファンで、同社のプレゼンソフト「Keynote」（キーノート）を使いたいという人は、そうすればいい。もっと革新的なプレゼンソフト「Prezi」（プレジ）を使うのもいいだろう。自分で独自のシステムを作れるという人は、そうするのもいい。

ただ、2つのことを覚えておいてほしい。

第一に、使い慣れたプログラムや手法を利用するようにすること。CEO（最高経営責任者）に対するプレゼンで、新しいソフトを試そうとするべきではない。支障が生じる可能性が高く、準備不足という印象を与える結果になってしまう。さらには、あなたの仕事の力量が疑われることにもなるだろう。「プレゼン一つ満足にできないようでは、プロジェクトがうまくいくとは思えない」と、ＣＥＯは受け止めるかもしれない。これは避けなければならない。

第二に、どのソフトを使うにしても、プレゼンの原則は変わらないという点を忘れないようにすること。タイトルページ、議題、概要のほか、スライドの各ページに見出しを付ける。裏付け材料も必要だ。ページはシンプルな構成で読みやすくする。

どのソフトを使うにせよ、それをプレゼンのために役立てることが必要だ。資料をまとめましたので見てくださいというのではなく、あなたが全員の前に立ち、主体的にプレゼンを進めていく上で活用することが大事なのだ。

聞く人たちの関心を引きつける上で、立って話すことは極めて重要だ。一人だけ立っているということで、聞く側はおのずと目を向ける。話す声も大きくなるだろう。

あなたがＣＥＯや社長であるのなら、この点に心配は要らないだろう。なにしろクビを切れる権限もある立場なのだから、誰もが話に耳を傾けようとする。これだけで普通は十分だろう。

しかし、ＣＥＯでないのなら、全員の関心を引きつけるために、あらゆる努力を傾ける必要がある。権威や威光をもたない人にとっては、立って話すことがその代わりになる。

とはいえ、立って話すには必然的な理由が要る。たとえば、スライドのページを指し示しながら話を進めるといったようにだ。とにかく、座ったままで話すことは権威が得られないことを意味する。

見出しは必ずページの最初になければならないか

答えは「イエス」だ。見出しは必ずページの最初に付けるようにする。

理由は単純で、普通はまずページの上の部分から目に入るからだ。まず一番重要なポイントを伝えたいのだから、見出しはその位置に掲げるべきだ。

それによって読む側も楽になる。そのページの要点が一目でわかり、それに異論がなければ、その下の分析内容は飛ばして次のページに進める。もう納得しているのなら、裏付けのデータを見るまでもないはずだ。

逆に、そのページの要点に疑問を感じた場合には、裏付けの材料を見ることになる。どれだけ強い根拠があるのか。論理の穴はどの部分にあるのか。

要点はページの一番下に示すほうがいいと言う人もいる。この考え方にも一理ある。上部に示されたデータのまとめとして最後に示す、という考え方だ。先にデータが示されてこそ、結論があるというわけだ。

しかし現実には、このやり方はうまくいかない。それというのも、ページ全体を読んではもらえない可能性が高いからだ。

最初に見出し、最後にまとめというページ構成にする人もいる。複雑な構成になるが、理論上は両方の「いいとこ取り」ということになる。見出しでページの要点を示し、最後のまとめで論理を固めるというわけだ。

残念ながら、このやり方もうまくいかない。最も重要なポイントを最後に置いたのでは、おそらく読んでもらえないことになるだろう。それでは意味をなさない。また、最も重要なポイントを見出しで示しているのなら、最後の要点はダブってしまうことになる。その2つの違いは何なのか。これでは混乱が生じてしまう。

シンプルな構成がベストであり、要点は見出しで示すのがいい。

長いプレゼンよりも短いプレゼンがいい？

答えは「ノー」だ。常に言えるのは、複雑なプレゼンよりシンプルなプレゼンのほうがいいということだ。複雑なプレゼンにして効果が高まることは、ほとんどない。

といっても、短いプレゼンのほうがいいということにはならない。

状況の分析をふまえて提案を示すのに、多くのページを必要とする場合もある。事業そのものの複雑性が高い場合には、状況の説明に何ページものスライドが必要になるだろう。たくさんの情報を1ページ、あるいは2、3ページのスライドに詰め込もうとすると、プレゼン全体の質をひどくしてしまうことになりかねない。複雑な分析と、その結果が意味することを1ページのスライドで示そうとしても、うまくいかないだろう。情報の量が多すぎるからだ。

何ページかのスライドに分けたほうがいい。たとえば、最初のページで問題に対するアプローチについて説明し、2ページ目で主要な前提を示す。そして、3ページ目で分析方法と結果を示し、4ページ目でその意味合いを明確にする。

多くの場合、20ページのスライドを使うプレゼンよりも80ページのプレゼンのほうがシンプルで理解しやすく、説得力も強くなる。私自身の経験でも、出来の良かったプレゼンにはスライドのページ数の多いものが少なからず含まれている。

たとえば、パーケイのマーガリンの価格見直しについて提案したプレゼンは70ページだった。かなり複雑な分析と一連の計算について、一つずつ順を追って説明した。それぞれのページはシンプルで、次のページへとつながっていった。リスクを伴うので賛否が分かれてもおかしくない提案内容だったが、理路整然としたプレゼンができたために、当然の策であるように受け入れられた。

話す内容は暗記するべきか

答えは「ノー」だ。プレゼンを暗記する必要はない。むしろ、暗記することは3つの理由から望ましくない。

第一に、暗記して話すと説得力が弱くなる。プレゼンの目的は、提案の内容を納得してもらって支持を得ることだ。そのためには自然に、そして信念をもって話す必要がある。説教や講義をするのではなく、自分の考えを説明するのだ。それには自然な話し方で、論理的に説明していく必要がある。

暗記して話すと堅苦しい感じになり、思い出そうとしながら話すので表情が険しくなってしまう。

原稿を書いて暗記した場合には、特にこの傾向が著しくなる。書き言葉は話し言葉と違うからだ。深い自信と知識をうかがわせる落ち着いたプレゼンが必要なのに、これではその逆になってしまう。

第二に、暗記して話すと、うろたえてしまうことが起こりやすくなる。話の途中で言葉に詰まると、落ち着きを取り戻すことが難しくなりかねない。俳優が舞台でせりふを忘れてしまった場合に似ている。ただ呆然と立ち尽くし、プロンプター（後見）からせりふを教えられるまで、芝居の流れが止まってしまう。

暗記しようとしなければ、忘れてしまうということは起こらない。つまり、忘れてしまうリスクを完全になくせるということだ。それに演劇と違い、せりふを教えてくれる人はいない。同僚が次の一文を教えてくれるわけではないのだ。

第三に、暗記は時間がかかりすぎる。60分のプレゼンで話すことを覚えるのは簡単な仕事ではない。まず話す内容を書き起こし、それを読みながら暗記し、何度も練習しなければならない。素晴らしい記憶力の持ち主なら、すぐに覚えられるかもしれないが、ほとんどの人は苦労することになる。それほどの精神的エネルギーを暗記に費やす必要があるのか。それよりも、プレゼン内容の論理や分析の確認に時間を使うほうがいい。

資料とスライドは同じでいいか

読んでもらうためのものと見せるためのものには違いがあるということに、疑問の余地はない。本と映画の違いに少し似ている。ストーリーと素材は同じでも、仕上げ方が完全に違うのだ。

この理由から、両用のものはあり得ないと言う人が多い。読んでもらうものと見てもらうものは別々、ということだ。『パワー・プレゼンテーション——説得の技術』(ダイヤモンド社)の技術の著者ジェリー・ワイズマンは、「プレゼンはプレゼン、あくまでもプレゼンであり、文書ではない」と書いている。[*1]

問題は、ビジネスの世界でのプレゼンは両方の役割を果たさざるを得ないという点にある。つまり、読んでもらうのも見せるのも同じ文書ということになる。

文書を作成する際に、この点をわきまえておくことが大事だ。会議に出席しなかった人にも理解してもらえるように、十分な説明と細部を含めておく必要がある。そして同時に、シンプルに整理されたプレゼンにする必要もある。これはたやすいことではないが、この両方を満たす必要がある。

笑いを取ろうとするべきか

答えは「ノー」だ。ビジネスに関する事柄は、本質的に笑いを誘うものではない。価格の変更や新製品の投入について考えるときに、笑い出す人はいないはずだ。端的に、笑いにつながるような領域ではないのだ。したがって、ユーモアは場違いになるおそれがあり、避けたほうがいい。ビジネスジャーナリストで作家のジェフリー・ジェームズが「コメディはプロに任せるように」とアドバイスしている。[*2]

ビジネスのプレゼンにユーモアを交えることには、3つの問題点がある。まず、間違ったシグナルを送ってしまうことになる。ジョークを言ったりすると、問題を真面目に考えていないと受け取られることになりかねない。提案を支持してもらうことがプレゼンの目的なのだから、これはその前提となる信頼性につながらない。

ビジネスに関する事柄で、ユーモアが役に立つものはほとんどない。価格設定についての提案の説得力がジョークで高まるだろうか。工場閉鎖という困難な決断がユーモアで楽になるだろうか。商品の販売終了という決断については？

第二に、ふざけているような印象を与えて、聞く側の気分を害することになりかねない。国際事業の場合には、これが特に問題になりやすい。ユーモアは文化によって大きく異なりうる。ある国で面白がられることでも、別の国では侮辱と受け取られることもある。このようなリスクを冒すべき理由は何もない。

そして第三に、ジョークを言っても受けないかもしれない。たとえば「こんな面白いジョークがあります」と言うのは、自分で失望の種をまくようなものかもしれない。そのジョークに誰も笑わなかったら？ プレゼンに勢いをつけて離陸しようとしたあげく、完全に失速してしまったということになる。しかも、そもそもジョークを言う必要などなかったのだから、百害あって一利なしだ。大きな効果が見込めるのでない限り、リスクを負うのは避けるべきだ。

とはいえ、一定の範囲内でウィットを利かせるのはかまわない。特に相手がユーモアを好み、笑いの感覚も合う場合には有効だ。単調な会議が好きな人はいない。少し軽さを出して、雰囲気を明るくするのもいい。

ただし、ユーモアを試そうとする場合には、次の3つの点に気をつけるべきだ。第一に、ジョークや笑える話はスライドには盛り込まず、必ず口で言うようにすること。そうすることで、うまくいかなかった場合に失敗を引きずらずにすむ。スライドや資料に含めると、いつまでも残ることになってしまう。

第二に、会議に出席する人たちのことをよく知っている場合に限ること。よく知らない人たちにプレゼンをする場合には、安全策を取って、気の利いた言い回しやジョークは避けたほうがいい。

そして第三に、自分自身を笑いの種にすること。たとえば、最近の旅行での笑える失敗談といった類いの話だ。ただし、この場合にも注意が必要だ。「とにかく私は数字に弱くて、ATMの暗証番号を覚えているのが不思議なくらいです」などと言えば、自分の立場を悪くしてしまうことになる。スキルや能力に疑いの目を向けられることになりかねないからだ。

プレゼンの最中に大きな間違いに気づいたら、どうすればいいか

プレゼンを始めてから内容に重大な間違いがあったことに気づくのは、まったく最悪の事態だ。文章上の間違いよりさらに悪いのは数字の間違いだ。

どれほど念入りに確認したつもりでも、間違いは起こるものだ。そうした事態にどう対処するかが、あなたの評価とキャリアに大きく影響する。

対処の仕方は、間違いの種類によって変わるはずだ。ささいな誤字やフォーマット上の間違いなら、単純に無視するのが一番いい。間違いに気づかれないように、すぐに次のスライドに移るのがいいだろう。もちろん、後で手直しした上でファイルを保存するようにする。

数字の大きな間違いは大問題だ。

計算に関する間違いには2つの種類ある。まず、表示上の間違いだ。2つの数字を取り違えたり、数字のコンマの位置を間違えたり、あるいは間違った数字を入れてしまったなどと

いう場合だ。質問が出て間違いに気づく場合もある。「これは1792ではなく7192でした。後で修正します。間違えました。すみません」というように答えることになる。

もう一つは、根本的な計算の間違いだ。この場合には時間稼ぎをしなければならない。この種の間違いがあった場合には、提案内容に同意を求めるわけにはいかない。間違った計算に基づく計画が認められてしまうことになるからだ。

その一方で、そこで会議を打ち切るわけにもいかない。「すみません。一連の数字が完全に間違っていました。なぜこんなことになったのか、わかりません」などと言えば、準備も能力も足りない人間だと思われてしまう。これはキャリアに関わる問題だ。

ここで必要なのは、提案内容を変更する余地を残しながらプレゼンを続けることだ。これは簡単なことではない。

カギになるのは、すぐに断定的に話すことをやめ、逃げを打つようにすることだ。たとえば「考え方の一つとして……」とか「これは差し当たっての数字です。重要な前提条件が固まりしだい、正確な数字をお知らせします」などと言うようにする。つまり、次回の会議で最新の正確な数字を報告するという考えを伝えるわけだ。

プレゼンは何人で行うのがベストか

プレゼンをする人数は少ないほどいい。人数が多いと、プレゼンに入る前の段階で、態勢を整えることに一定の時間がかかる。その場の雰囲気をつかみ、それに合わせた調整をした上でプレゼンのモードに入る。聞く側も、プレゼンをする人の話し方などに慣れるまでに少し時間がかかる。

プレゼン自体も、流れに乗るまでに時間を要する。複雑な内容や議論を呼びそうな問題に入る前に、まず状況の確認など簡単な話で勢いをつけるのが望ましい。複数の人がプレゼンをする場合にも、前の人の話を受け継いでいくわけだが、各々が自分自身で勢いをつけていくことも必要になる。

これはつまり、人数は少ないほうがスムーズにいくということだ。5分間ずつのリレー方式などというのは、絶対に避けるべきだ。それではうまくいかない。

もちろん、何人かで分担しなければならない場合もある。有力な味方がついている計画であることを示したり、専門的な能力や社内政治的な事情が関係したりする場合だ。

有力な味方がいることを示すのは重要だ。何事にも象徴というものがある。プレゼンを経営幹部の話から始めることによって、提案内容に支持を得ているということを示せる。つまり、その幹部はジャッジではなく応援者で、すでに活動に加わっているということになる。

専門能力については、話の内容によって、特定の人に説明してもらうのがベストとなる場合がある。たとえば販売奨励計画については、販売部門のスタッフに話してもらうのがベストだろう。新製品の開発計画については、R＆D（研究開発）部門のスタッフということになるはずだ。財務部門の人がR＆D計画についてプレゼンするのはおかしい。多変量回帰分析を用いた先端的な財務モデルについては、そのモデルに精通した人が説明するべきだ。

社内政治的な事情については、組織上の力学から特定の人にプレゼンをしてもらう必要が生じる場合がある。たとえば、そうしないと当人が気を悪くするといったことが起こりうる。あるいは、財務部門との関係があまりうまくいっていないので、その支持を得るために、といった事情もありうる。

こうした政治的な配慮は、必ずしもプレゼンの質を高めることにはつながらない。話のうまくない人にプレゼンをしてもらわなければならないかもしれないからだ。それでも、このような力学を無視するわけにはいかない。これは、どんな組織にもあてはまることだ。たとえ無視しようとも、社内政治はなくならない。無視すれば自分が困ることになるのだ。

どうすればプレゼンの上達を早くできるか

この点については、シンプルなアドバイスを3つ挙げておきたい。

第一に、すっきりしたスライドを作るようにすること。特に、見出しがなく、内容が取り散らかったスライドは禁物だ。データ満載のスライドは最悪だ。

私はつい先日、アフリカのある主要国に関する政府高官のプレゼンを見た。30分のプレゼンのスライドは40ページを超え、それぞれにグラフや表が詰め込まれていた。私は必死に各ページを読み切ろうとしたが、ことごとく失敗した。ページの最後までたどり着く時間はおろか、大意をつかむことも質問することもできなかった。

このような形で最新の状況に関するデータを詰め込んでも、プレゼンの価値はほとんど高まらない。むしろ、スライドはないほうがずっと良かったはずだ。見る側にフラストレーションを引き起こし、関心を失わせる結果になっていたからだ。

第二に、受動態の文を避けること。つまり能動態の文にすることだ。主語と動詞は必須で、「誰が何をしているのか」を明確に伝えなければならない。主語が埋没する受動態の文章は、平板な印象になってしまう。動きがなくなるのだ。

次の2つの文章を見てほしい。

●モコモコした犬が郵便配達員にかみついた。
●郵便配達員がかみつかれた。

最初の文のほうがいい。何が起きたのか、誰がしたのかがはっきりわかる。犬が郵便配達員にかみついたのだ。この文には次へと向かっていく動きがある。「それで次にどうなったのか」と思わせるのだ。

2番目の文は平板だ。動きやエネルギーがほとんどない。郵便配達員がかまれた。お気の毒だが珍しくはないことだ、ということになってしまう。そもそも、誰がかみついたのかがわからない。犬か、近所の人か、それとも狼なのか。

ビジネスの文書でも同じ原理が働く。次の例を見てほしい。

●ゼノン・コーポレーションは今年、大型の新商品を発売した。
●今年、大型の新商品が発売された。

ここでもやはり、最初の文には動きがあるが、2番目の文は平板だ。

受動態の文は動きがなくなるだけでなく、責任意識を避けようとしていることもうかがわせる。つまり、状況に対する自分の責任だ。たとえば「私が時間どおりに商品を配送しませんでした」と言えば、誰の責任であるのかは明白だ。これに対し「時間どおりに商品が配送されませんでした」では、誰が配送しなかったのかがわからない。

第三に、クリッカーを買うこと。40～50ドルで買える小さなデバイスで、パソコンを操作せずにワンタッチでスライドを切り替えられる。これでプレゼンをしながら動ける範囲が広がるし、パソコンにスペースを取られることもなくなる。自前のデバイスをもつことは、準備の良さを示すことにもつながる。お金を出す価値は十分にある。

18 5つの主要な研究

学術研究の世界でも、プレゼンテーションに関連性をもつ数々の興味深い研究がなされている。プレゼンの腕を高める上で役立つ5つの研究結果を紹介しよう。

研究1 難しい言葉のインパクト

一般的に、頭のいい人は難しい言葉を使うと思われている。そうした言葉の意味を知っていて、正確なコミュニケーションをするために使うというわけだ。それとなく知性をうかがわせることにもなる。

「erudite（博学な）」「fugacious（つかの間の）」「promulgate（公表する）」「embrocation

（塗布）」などといった言葉を使うのは、すごく頭のいい人たちだけだ——。

プリンストン大学のダニエル・オッペンハイマーは、この通説が正しいのかどうかを調べるために、5つの興味深い実験を行い、その結果を学術誌「応用認知心理学」に発表した。*1

そのうちの3つの実験を紹介しよう。

実験1

オッペンハイマーは最初の実験で、英米文学の修士課程への入学願書で実際に提出された志望動機書のなかから6つを選び、それをもとにそれぞれ2通りの志望動機書を作り上げた。

その一つは「かなり複雑」なバージョンで、マイクロソフト「Word 2000」の類義語辞典を用い、すべての名詞と形容詞、動詞を最も文字数の多い類義語に置き換えた。もう一つは「中程度に複雑」なバージョンで、3語につき1語の割合で同様に言葉を置き換えた。

その上で、2通りの志望動機書をスタンフォード大学の学生71人に示し、それぞれの複雑さと合否判定を評価するように求めた。

結果は、ごく明確に表れた。予想されたとおり、言葉の置き換えが多かったほうが「複雑」と判定され、「難読性」が大幅に高くなった。

そして、複雑な志望動機書のほうが魅力が薄いと判定された。プラス7〜マイナス7の評点による合否判定では、元のままの志望動機書は平均評点がプラス0・67、中程度に複雑なバージョンはマイナス0・17、最も複雑なバージョンはマイナス2・1となった。

実験2

オッペンハイマーは2番目の実験で、2通りの翻訳文を使って言葉の選び方の影響について調べた。

まず39人の学生に、デカルト「第四省察」第1段落の2通りの翻訳文を示した。翻訳文は言葉の選び方と構文の複雑さが違っていた。オッペンハイマーは学生たちに、それぞれの文章を書いた人の知的水準を評価するよう求めた。一部の学生には、デカルトの著書の一節であることを知らせた。

著者がデカルトであることを知らない学生たちは、シンプルな文章を書いた人のほうが知的水準は高いと評価した。7段階評価で、複雑な文章の筆者は4・0、単純な文章の筆者は4・7という評点になった。

著者がデカルトであることを知らされていた学生たちも、同様の反応を示し、評点はそれぞれ5・6と6・5だった。

実験3

オッペンハイマーの3番目の実験では、文章を単純化することで認識が変わるかどうかが試された。

オッペンハイマーはまず、スタンフォード大学社会学部の論文要旨のなかから、9文字以上の単語が最も多く使われている論文をいくつか選び出し、それぞれをシンプルに書き換えたバージョンを用意した。マイクロソフト「Word 2000」の類義語辞典を用いて、9文字以上の単語を2番目に短い（文字数の少ない）単語に入れ替えるという方法を取った。

そして論文要旨を学生たちに示し、文章の複雑さと筆者の知的水準を評価するよう求めた。

その結果、複雑なバージョンのほうが実際に複雑性が高いと評価された。7段階評価でそれぞれ評点は5・6と4・9だった。

筆者の知的水準については、単純なバージョンの筆者のほうが高いと評価され、評点はそれぞれ4・8と4・26だった。

実験結果が意味すること

このオッペンハイマーの研究は重要な教訓を与えてくれる。難しい言葉を使っても、頭がいいとは思われないのだ。実際にはその逆で、難しい言葉を使うと知的レベルが低いように思われてしまう。

一般的に思われているのとは反対の結果が確認されたという点で、この研究は特に覚えておくべき大きな価値がある。教訓は明白、「常にシンプルに」だ。

研究2 複雑さと選択

次に挙げるのは、コロンビア大学のシーナ・アイエンガーとスタンフォード大学のマーク・レッパーによる研究で、選択の幅が顧客選好に及ぼす影響について一連の実験で調べたものだ。[*2] 興味深いのは次の2つの実験結果だ。

実験1

アイエンガーとレッパーはまず、食料雑貨店でのジャムの試食という設定で実験を行った。1日目にはテーブルの上に6種類のジャムを並べ、2日目には24種類のジャムを用意した。ラズベリー、ストロベリー、グレープ、アプリコットなどだ。

そして、どれだけの人がテーブルの前で足を止め、どんな行動を取り、最終的にジャムを買うかどうかを観察した。

結果には明確な差が表れた。まず、ジャムの種類が多いほうが立ち止まる人が多かった。6種類では4割の人だったのに、24種類では6割の人が足を止めたのだ。大きな違いだ。ただし、それは実際の購買にはつながらなかった。6種類の場合では、立ち止まった人の3割がジャムを買ったのに対し、24種類の場合には逆にその割合がわずか3％にとどまった。興味を引かれても、実際に買う人はほとんどいなかったということだ。

実験2

選択の幅がもたらす影響についてさらに調べるために、アイエンガーとレッパーは試食会という設定で、ゴディバのチョコレートの味を評価するよう人々に求めた。協力の謝礼として、現金5ドルか5ドル相当のゴディバのチョコレートを選べるようにした。これは購入意欲を知るための設定だ。

さらに、試食で6種類からチョコレートを選べるグループと、30種類から選べるグループに分けた。種類はキャラメルやピーナッツ、ライトチョコレート、ダークチョコレート、チェリーなどだ。

この実験から、興味深い3つの結果が浮かび上がった。

まず、選択肢の多いグループの人のほうが選択の楽しさを強く感じていた。その楽しさについて、7段階評価で選択肢の多いグループは6・02、少ないほうのグループは4・72の評点だった。

しかし、チョコレートのおいしさについては、選択肢の多いグループのほうが評価が辛かった。その評点は5・46で、選択肢の少ないグループは6・28だった。

購買については、さらに差がはっきり表れた。選択肢の少ないグループでは謝礼にチョコレートを選ぶ人の割合が50％弱だったのに対し、選択肢の多いグループではわずか12％にとどまった。

実験結果が意味すること

アイエンガーとレッパーによる選択に関する研究は、2つの重要な点を浮かび上がらせた。

第一に、人々は複雑さを好むということ。ジャムの実験では、人々は選択肢の多さに関心を引きつけられた。チョコレートの実験では、選択肢が多いほど楽しめるという結果が出た。

第二に、選択肢が増えると決断が難しくなる。複雑さや幅の広い選択に直面すると、人々は決断を避けようとし、選択を強いられると不満を感じる。

これは、プレゼンにも大きな意味合いをもつ。まず、プレゼンをする相手の人たちに何が欲しいかと聞けば、選択肢と詳しい説明、複雑さを求めてくるだろう。選択に直面する経営幹部は、詳しい情報と長いプレゼンを求めるはずだ。

第二に、その一方で現実問題としては、人々は複雑さを求めない。詳しい説明や選択肢を提示する込み入ったプレゼンが、同意や実行につながる可能性は低い。

研究3 わかりやすさと動機づけ

ミシガン大学のヒュンジン・ソンとノーバート・シュワルツは、振る舞い方の変化がもたらす認知上の影響について研究した。[*3]

実験1

ソンとシュワルツは最初の実験で、被験者に演習の指示を与えた。その指示書は、シンプルな書体（アリエル、12ポイント）と読みにくい書体（ブラッシュ、12ポイント）の2通りでプリントアウトされた。それを被験者に示し、演習はどのくらい時間がかかりそうか、どれだけやる気があるかを質問した。

読みにくい指示書を渡されたグループのほうが、演習は時間が長くかかると受け止め、あまりやる気がしないと感じていた。読みやすい指示書を渡されたグループは、演習の予想時間が平均8・23分だったのに対し、読みにくい指示書のグループのほうは15・10分だった。

やる気については7段階評価で、読みやすい指示書のグループは4・5だったのに対し、読みにくいほうのグループは2・9にとどまった。

実験2

ソンとシュワルツは次に、手巻き寿司のレシピを同様に2通りの文書にして被験者に示した。この実験でもやはり、必要な時間とやる気について質問したが、加えてレシピがどれだけ記憶に残ったかについても詳しく調べた。

結果には明確な差が表れた。読みにくいレシピと読みやすいレシピを渡されたグループは、それぞれ予想所要時間は36・15分と22・71分、やる気は7段階評価で2・85と4・21で、レシピの記憶度も読みにくい文書のグループが下回った。

実験結果が意味すること

この研究結果は、シンプルなポイントを浮かび上がらせている。読みにくい資料を渡すと、内容が込み入っているように受け止められ、やる気が薄れるということだ。つまり、情報の示し方が相手の受け止め方に大きく影響する。人は複雑そうに思えるものに抵抗を感じるのだ。

研究4 無意味な数式が及ぼす影響

メーラダーレン大学(スウェーデン)のキムモ・エリクソンは、意味のない数式が質の認知にどのような影響を及ぼすか、とても面白い実験をしている。[*4]

実験

エリクソンは、文献から2つの研究論文を選び、それぞれ2つのバージョンを用意した。元のままのバージョンと、別の論文から取った一文を挿入したバージョンだ。挿入された一

数理モデル（$T_{PP} = T_0 - fT_0d^2 - fT_Pd_f$）
は系列効果を捉える。

文には、まったく関係のない上のような数式を付け加えた。

エリクソンは、論文の査読の経験をもつ２００人の被験者に各バージョンの論文を送り、研究の質について評価を求めた。

結果は——関係のない数式を付け加えたバージョンのほうが質が高いと評価された。

その傾向が特に顕著に表れたのは、人文学や社会科学、医学・医学関連分野を専門とする人たちだった。一方、数学や理工系の人は、数式のあるバージョンのほうをわずかに低く評価した。それでも、無意味な数式はさしたるマイナスの影響を与えなかったということだ。

実験結果が意味すること

エリクソンの実験は、「複雑な分析」が説得力を高めることを示している。専門的な数式を見せられると、人々は精度の高い内容として受け止めるのだ。

プレゼンに関して、この研究結果が示唆しているのは、場合に応じて複雑な分析を示すことによって、信頼性を高められるということだ。たとえば、多変量回帰分析によって精度の高さを示せる。

もちろん、まったく無意味な分析を付け加えるべきではない。それは倫理的に間違っているし、問題点を指摘されることになる可能性もある。

研究5　判断の早さ

ハーバード大学のナリーニ・アンバディとロバート・ローゼンタールは、人間の判断の早さと行動に関する興味深い分析を行った。[*5]

実験1

アンバディとローゼンタールはまず、大学の教員13人の動画を撮影し、それぞれの教員について10秒間の無音ビデオを3編ずつ作成した。

そのビデオを被験者に見せ、教員の人柄やプロらしさ、優しさ、温かさなど、一連の特性について評価を求めた。そして、それを総合的に指数化し、学期末の学生による評価結果と比較した。外見的な魅力による影響を排除するために、別のグループに各教員の外見上の魅力度を評価してもらった。

アンバディとローゼンタールは同時に、笑うことや身を乗り出すこと、微笑みを見せることなど、特定の振る舞い方も記録し、それが評価とどう関係しているかについて調べた。

結果は、かなりはっきり表れた。10秒間のビデオ3編を見るだけで、学期末の評価とかなり近い評価がなされていた。相関係数は0・76だった。魅力度による影響を差し引いても、相関係数は0・74〜0・76と高水準だった。

高評価につながる振る舞い方は、うなずくこと、笑うこと、微笑むことなどだった。逆に座ること、身じろぎすること、顔をしかめること、うつむくことはマイナスの評価につながっていた。

実験2

2番目の実験ではビデオ映像を短くし、5秒と2秒の2通りにした。そして、最初の実験と同様に評価を求めた。

この短いビデオでも、全体的な評価に変化は表れず、学期末評価との重なり方も同様だった。つまり、2秒間の無音ビデオ3編を見ただけで、1学期を通じた評価と変わらない評価がなされたのだ。

実験結果が意味すること

この実験結果は、非言語的な振る舞い方から、人は素早く正確に相手の人間像を捉えられるということを示している。つまり、プレゼンをする人も、ほんの何秒かで正確に評価されるということだ。

ということは、特にプレゼン冒頭での振る舞い方に気を配る必要がある。プレゼンの最初、あるいはプレゼンに入る前の数秒間で判断が下されるのだ。微笑むことや笑うこと、うなずくことが大きな効果をもたらす。

19

プレゼンの秘訣25

本書では、プレゼンテーションの実践的なアドバイスから学術研究まで、様々な内容を網羅した。最後に、覚えておくべき25のポイントをまとめておこう。

準備を始める前に

1　プレゼンは必要のある場合だけに限る。そのプレゼンは、本当にしなければならないものなのか。

2　プレゼンの構成やページの作成に入る前に、目的を明確にする。

プレゼンのまとめ上げ

3　すべてのプレゼンに共通の基本要素を漏らさない。タイトルページのほか、会議の目的、議題、概要、結論を示す各ページを入れる。

4　各ページに必ず見出しを付ける。

5　見出しは文にする。

6　1ページにつき1つの要点を説明する。

7　それぞれの見出しが順につながっていくように構成する。

8　図表はシンプルに、わかりやすく。

9　複雑な分析が多くならないよう、内容を絞り込むこと。

10　信頼されるデータや情報の出所を示すこと。

プレゼンの準備

11　全体に磨きをかける。誤字や脱字がないか、フォーマットや文法は整っているか。

12　読みやすい書体を使う。
13　数字は二重に確認する。
14　他の人たちの前でリハーサルする。
15　事前に売り込みや根回しをしておく。

会場のセッティング

16　準備のために、かなり早めに会場に入る。
17　部屋の設定をする。出席者が座る位置をふまえて、自分はどこに立つかを考える。
18　自分のパソコン画面やコンフィデンス・モニターは見えないようにする。
19　正しい心構えになれるように気持ちを落ち着かせる。音楽を聞くのもいい。

プレゼンに入ってから

20　聞く人たちの顔を見ながら「物語」を話す。

21 自分こそがエキスパートであること、つまり当該のテーマについては、聞く側の人たちよりも精通しているということを思い起こす。

22 自分のプレゼンに自信をもち、流れに沿って進める。

23 自分の分析について説明し、データの出所を示す。説明を急ぎすぎないこと。

24 聞いている人たちの反応を読み取り、それに合わせてペースを上げたり下げたりする。

25 早めに終わって質疑応答の時間を残すようにする。

Perceptual and Behavioral Consequences of Powerful Music," *Social Psychological and Personality Science* 6, no. 1 (2015): 75-83.
10. Kahneman, *Thinking, Fast and Slow*, 4.［ダニエル・カーネマン『ファスト＆スロー――あなたの意思はどのように決まるか？』村井章子訳（早川書房、2014年）］
11. Alison Beard, "Life's Work: An Interview with Penn Jillette," *Harvard Business Review*, October 2016, 128.
12. Bence, *How You Are Like Shampoo*, 187.
13. Humes, *Speak Like Churchill*, 15.
14. Anderson, *TED Talks*, 50.［クリス・アンダーソン『TED TALKS スーパープレゼンを学ぶTED公式ガイド』関美和訳（日経BP、2016年）］
15. Lemkowitz, *Audience of Cowards*, 51 and 58.

14章

1. Welch, *Jack: Straight from the Gut*, 384.［ジャック・ウェルチ、ジョン・A・バーン『ジャック・ウェルチ――わが経営』宮本喜一訳（日本経済新聞社、2001年）］

16章

1. Gallo, *Presentation Secrets of Steve Jobs*, 3.［カーマイン・ガロ『スティーブ・ジョブズ 驚異のプレゼン――人々を惹きつける18の法則』外村仁解説、井口耕二訳（日経BP、2010年）］

17章

1. Weissman, *Presenting to Win*, 111.［ジェリー・ワイズマン『プレゼンテーション――説得の技術』グロービス・マネジメント・インスティテュート訳 ダイヤモンド社、2004年］
2. James, *Business Without the Bullshit*, 171.

18章

1. Daniel Oppenheimer, "Consequences of Erudite Vernacular Utilized Irrespective of Necessity: Problems with Using Long Words Needlessly," *Applied Cognitive Psychology* 20 (2005): 139-56.
2. Sheena Iyengar and Mark Lepper, "When Choice Is Demotivating: Can One Desire Too Much of a Good Thing?" *Journal of Personality and Social Psychology* 79, no. 6 (2000): 995-1006.
3. Hyunjin Song and Norbert Schwarz, "If It's Hard to Read, It's Hard to Do," *Psychological Science* 19, no. 10 (2008) 986-88.
4. Kimmo Eriksson, "The Nonsense Math Effect," *Judgement and Decision Making* 7, no. 6 (2012): 746-49.
5. Nalini Ambady and Robert Rosenthal, "Half a Minute: Predicting Teacher Evaluations from Thin Slices of Nonverbal Behavior and Physical Attractiveness," *Journal of Personality and Social Psychology* 64, no. 3 (1993): 431-41.

7. Kahneman, *Thinking, Fast and Slow*, 63. ［ダニエル・カーネマン『ファスト＆スロー——あなたの意思はどのように決まるか？』村井章子訳（早川書房、2014年）］
8. Hees (presentation).

11章

1. Gallo, *Presentation Secrets of Steve Jobs*, 179. ［カーマイン・ガロ『スティーブ・ジョブズ——驚異のプレゼン』外村仁解説、井口耕二訳（日経BP、2010年）］
2. Weissman, *Presenting to Win*, 190.
3. Brenda Bence, *How You Are Like Shampoo* (Las Vegas, NV: Global Insight Communications, 2008) , 170.
4. Gallo, *Presentation Secrets of Steve Jobs*, 194. ［カーマイン・ガロ『スティーブ・ジョブズ——驚異のプレゼン』外村仁解説、井口耕二訳（日経BP、2010年）］
5. Quoted in HBO video, "Warren Buffett Praises Dale Carnegie Training," February 9, 2017 (youtube.com/watch?v=ucD7fVZ7W3k).
6. James M. Kilts, *Doing What Matters* (New York: Crown Business, 2007), 77. ［ジェームズ・キルツ、ロバート・ローバー、ジョン・マンフレーディ『大事なことだけ、ちゃんとやれ！——ゼロ成長企業を変えた経営の鉄則』高遠裕子訳（日本経済新聞出版社、2009年）］

12章

1. Lucy Kellaway, "My Tips for Overcoming a Fear of Public Speaking," *Financial Times*, November 6, 2016.
2. Lemkowitz, *Audience of Cowards*, 65.
3. Anderson, *TED Talks*, 194. ［クリス・アンダーソン『TED TALKS スーパープレゼンを学ぶTED公式ガイド』関美和訳（日経BP、2016年）］

13章

1. Kellaway, "How to Land on Your Feet When Speaking in Public," Listen to Lucy, *Financial Times*, November 28, 2009 (ft.com/content/966d1d74-1d1a-40db-a797-a76076a8ec4f).
2. Quoted in "The Columnists," *WSJ Magazine*, February 26, 2016.
3. Kellaway, "How to Land on Your Feet."
4. Berkun, *Confessions of a Public Speaker*, 14. ［Scott Berkun『パブリックスピーカーの告白——効果的な講演、プレゼンテーション、講義への心構えと話し方』酒匂寛訳（オライリージャパン、2010年）］
5. Lemkowitz, *Audience of Cowards*, 29.
6. Lucy Kellaway, "My Speech Was a Car Crash Because I Am Too Confident," *Financial Times*, April 24, 2017.
7. Berkun, *Confessions of a Public Speaker*, 18. ［Scott Berkun『パブリックスピーカーの告白——効果的な講演、プレゼンテーション、講義への心構えと話し方』酒匂寛訳（オライリージャパン、2010年）］
8. Kelly McGonigal, "How to Make Stress Your Friend," TEDGlobal 2013 (ted.com/talks/kelly_mcgonigal_how_to_make_stress_your_friend#t-723551).
9. Dennis Hsu, Li Huang, Loran Nordgren, Derek Rucker and Adam Galinsky, "The Music of Power:

16. Jack Welch, *Jack: Straight from the Gut* (New York: Business Plus, 2001), 396.［ジャック・ウェルチ、ジョン・A・バーン『ジャック・ウェルチ――わが経営』宮本喜一訳（日本経済新聞社、2001年）］
17. Bob Rehak, *96 Proven Principles of Marketing Communications* (Kingwood, TX: Rehak Creative Services, 2015), 69.

8章

1. Canavor, *Business Writing in the Digital Age*, 175.
2. Humes, *Speak Like Churchill*, 159.
3. Humes, *Speak Like Churchill*, 160.
4. Sam Leith, "The Pedants Are Wrong-And More Tips for Clear and Effective Writing," *Financial Times*, October 16, 2017.
5. Anderson, *TED Talks*, 36.
6. Eli Lilly and Company submission to the US Food and Drug Administration, August 10, 2004, 15 (fda.gov/ohrms/dockets/dailys/04/aug04/082404/04d-0042-c00034-vol3.pdf).
7. Rehak, *96 Proven Principles*, 69.
8. Gallo, *Presentation Secrets of Steve Jobs*,88［カーマイン・ガロ『スティーブ・ジョブズ 驚異のプレゼン――人々を惹きつける18の法則』外村仁解説、井口耕二訳（日経BP、2010年）］
9. GE, "GE 2017 Fourth Quarter Performance" (presentation, January 24, 2018) (ge.com/investor-relations/sites/default/files/ge_webcast_presentation_01242018_0.pdf).
10. Gifford Booth, letter to the editor, *Harvard Business Review*, September 2013.
11. James, *Business Without the Bullshit*, 170.
12. Leo Burnett, *100 Leo's: Wit and Wisdom from Leo Burnett* (Lincolnwood, IL: NTC Business Books, 1995), 73.
13. Rehak, *96 Proven Principles*, 132.
14. Gallo, *Presentation Secrets of Steve Jobs*, 84.［カーマイン・ガロ『スティーブ・ジョブズ 驚異のプレゼン――人々を惹きつける18の法則』外村仁解説、井口耕二訳（日経BP、2010年）］
15. Leith, "Pedants Are Wrong."
16. Pinker, *Sense of Style*, 9.

9章

1. Ricardo Marques (presentation, Kellogg School of Management, Northwestern University, March 3, 2017).
2. Bernardo Hees (presentation, Kellogg School of Management, Northwestern University, October 10, 2016).
3. Burnett, *Wit and Wisdom*, 50.
4. Anderson, *TED Talks*, 13.
5. Craig Wortmann, *What's Your Story?* (Evanston, IL: Sales Engine, 2012), 58.［クレイグ・ワートマン『物語（ストーリー）力、ワートマンの「人の心を鷲摑みにする仕事術」』イースト・プレス編集部編訳（イースト・プレス、2008年）］
6. Wortmann, *What's Your Story?* 39.［クレイグ・ワートマン『物語（ストーリー）力、ワートマンの「人の心を鷲摑みにする仕事術」』イースト・プレス編集部編訳（イースト・プレス、2008年）］

6章

1. Scott Berkun, *Confessions of a Public Speaker* (Cambridge: O'Reilly, 2010), 61. [Scott Berkun『パブリックスピーカーの告白――効果的な講演、プレゼンテーション、講義への心構えと話し方』酒匂寛訳（オライリージャパン、2010年）]
2. Anderson, *TED Talks*, 33. [クリス・アンダーソン『TED TALKS―― スーパープレゼンを学ぶTED公式ガイド』関美和訳（日経BP、2016年）]
3. Pinker, *Sense of Style*, 38.
4. Berkun, *Confessions of a Public Speaker*, 61. [Scott Berkun『パブリックスピーカーの告白――効果的な講演、プレゼンテーション、講義への心構えと話し方』酒匂寛訳（オライリージャパン、2010年）]

7章

1. Quoted in Nick Werden, "Language: Churchill's Key to Leadership," *Harvard Management Communication Newsletter*, June 2002.
2. Carmine Gallo, *The Presentation Secrets of Steve Jobs* (New York: McGraw Hill, 2010), 1. [カーマイン・ガロ『スティーブ・ジョブズ 驚異のプレゼン――人々を惹きつける18の法則』外村仁解説、井口耕二訳（日経BP、2010年）]
3. Daniel Kahneman, *Thinking, Fast and Slow* (New York: Farrar, Straus and Giroux, 2011), 60. [ダニエル・カーネマン『ファスト＆スロー――あなたの意思はどのように決まるか？』村井章子訳（早川書房、2014年）]
4. Sam Leith, "Churchillian Flourishes That Can Structure a Speech Today," *Financial Times*, November 24, 2015.
5. Anderson, *TED Talks*, 64. [クリス・アンダーソン『TED TALKS スーパープレゼンを学ぶTED公式ガイド』関美和訳（日経BP、2016年）]
6. Nancy Duarte, "The Secret Structure of Great Talks," TEDxEast, November 2011 (ted.com/talks/nancy_duarte_the_secret_structure_of_great_talks#t-1075501).
7. Duarte, "Secret Structure of Great Talks."
8. Robert McKee, "Storytelling That Moves People," *Harvard Business Review*, June 2003, 52.
9. Quoted in Pinker, *Sense of Style*, 27.
10. Geoffrey James, *Business Without the Bullshit* (New York: Grand Central Publishing, 2014), 151.
11. Cary Lemkowitz, *An Audience of Cowards* (Bloomington, IN: Author House, 2005), 94.
12. Gallo, *Presentation Secrets of Steve Jobs*, 13. [カーマイン・ガロ『スティーブ・ジョブズ――驚異のプレゼン』外村仁解説、井口耕二訳（日経BP、2010年）]
13. Pinker, *Sense of Style*, 144.
14. Barbara Minto, *The Pyramid Principle* (London: Prentice Hall, 2002), 42. [バーバラ・ミント『考える技術・書く技術――問題解決力を伸ばすピラミッド原則』山崎康司訳（ダイヤモンド社、1999年）]
15. Stever Robbins, *Get-It-Done Guy's 9 Steps to Work Less and Do More* (New York: St. Martin's Griffin, 2010), 95.

注・参考文献

1章

1. ビジネススクール修了後、推計で通算 5264 回。
次のように算出した。
クラフト時代の 11 年間は毎週２回で計 1144 回。
非常勤教授時代の４年間は毎年２つの講座、１講座につき 20 回の授業で計 160 回。
ケロッグ経営大学院での 15 年間は毎年８つの講座、１講座につき 20 回の授業で計 2400 回。
同じ 15 年間に、毎週２回のエグゼクティブコースの授業で計 1560 回。

2章

1. Chris Anderson, *TED Talks* (Boston: Houghton Mifflin Harcourt, 2016), 8.［クリス・アンダーソン『TED TALKS── スーパープレゼンを学ぶ TED 公式ガイド』関美和訳（日経 BP、2016 年）］

3章

1. Eric Jackson, "Sun Tzu's 31 Best Pieces of Leadership Advice," *Forbes*, May 23, 2014 (forbes.com/sites/ericjackson/2014/05/23/sun-tzus-33-best-pieces-of-leadership-advice/#6222694d5e5e).

4章

1. Lewis Carroll, *Alice in Wonderland* (USA: Empire Books), 43.
2. Jerry Weissman, *Presenting to Win* (Upper Saddle River, NJ: Prentice Hall), 2003, 8.［ジェリー・ワイズマン『プレゼンテーション──説得の技術』グロービス・マネジメント・インスティテュート訳 ダイヤモンド社、2004 年］
3. Peggy Noonan, "Make Inaugurals Dignified Again," *Wall Street Journal*, January 5, 2017.
4. Quoted in James Humes, *Speak Like Churchill, Stand Like Lincoln* (Roseville, CA: Prima Publishing, 2002), 27.

5章

1. Quoted in Natalie Canavor, *Business Writing in the Digital Age* (Los Angeles: Sage Publications, 2012), 25.
2. Peter Drucker, "Managing Oneself," *Harvard Business Review*, January 2005, 103.
3. Quoted in Ed Crooks, "GE's Immelt: 'Every Job Looks Easy When You're Not the One Doing It,' " *Financial Times*, June 12, 2017 (ft.com/content/17ee8244-4fb9-11e7-a1f2-db19572361bb).
4. Tony Robbins, "Robbins' Rules: How to Give a Presentation," *Fortune*, November 17, 2014.
5. Quoted in Sam Leith, "Bright Spots, Post-It Notes and the Perfect Speech," *Financial Times*, March 1, 2016.
6. Steven Pinker, *The Sense of Style* (New York: Penguin Books, 2014), 62.

著者　ティム・カルキンス　Tim Calkins

ノースウェスタン大学ケロッグ経営大学院教授、マーケティングコンサルタント。イェール大学卒業後、ハーバード大学でMBA取得。専門はマーケティング戦略、バイオメディカル・マーケティング。コンサルタントとして、イーライリリー、ロシュ、ノバルティス、ペプシコなどの大手企業のクライアントをもつ。ケロッグ・ブランディング・エグゼクティブ教育プログラムの学術ディレクターを務めるほか、「ケロッグ・スーパーボウル・アドバタイジング・レビュー」の立ち上げからブランディングまで行っている。2006年と13年にケロッグ経営大学院最優秀教授賞を受賞するなど、教育活動で数多くの賞を受賞。「フィナンシャル・タイムズ」、「ウォールストリート・ジャーナル」、「ニューヨーク・タイムズ」やテレビのコメンテーターとしても活躍している。本書は優秀な教え子たちがマーケティング分析ではなく、プレゼンテーションで失敗している例を多く見てきたことから、見栄え良く、効果的なプレゼンのまとめ方と実行方法を記したものである。

訳者　斉藤裕一　Yuichi Saito

ニューヨーク大学大学院修了（ジャーナリズム専攻）。主な訳書に『「評判」はマネジメントせよ　企業の浮沈を左右するレピュテーション戦略』『脳のフィットネス　完全マニュアル』『先延ばし克服完全メソッド』『ギグ・エコノミー襲来　新しい市場・人材・ビジネスモデル』『どんな仕事も「25分+5分」で結果が出る　ポモドーロ・テクニック入門』（以上、CCCメディアハウス）などがある。

装丁＆本文デザイン　竹内淳子（株式会社新藤慶昌堂）
校閲　円水社

ニワトリをどう洗《あら》うか？
実践《じっせん》・最強《さいきょう》のプレゼンテーション理論《りろん》

2019年９月8日　初版発行

著　者　ティム・カルキンス
訳　者　斉藤裕一
発行者　小林圭太
発行所　株式会社ＣＣＣメディアハウス
〒141-8205東京都品川区上大崎3丁目1番1号
電　話　販売　03-5436-5721
編集　03-5436-5735
http://books.cccmh.co.jp

印刷・製本　株式会社新藤慶昌堂

ISBN978-4-484-19107-2